明日香板葺野宮跡

明日香板葺野宮・著者撮影・2012年7月

柿本神社から望む明石海峡大橋

柿本神社から望む明石海峡大橋・著者撮影・2012年3月

上海

上海ビル群・著者撮影・2012 年 6 月

隠岐の島

隠岐の島・著者撮影・2014 年 11 月

大阪湾の夜景

大阪湾の夜景・著者撮影・2012年6月

澪標を刻んだ大阪のマンホール

大阪市役所近くのマンホール・著者撮影・2012年8月

太宰府天満宮の飛び梅

太宰府天満宮の飛び梅・著者撮影・2012年8月
（太宰府天満宮様より書面にて写真の掲載許可あり）

勧修寺

勧修寺・著者撮影・2012年6月
（勧修寺様より書面にて写真の掲載許可あり）

雪と雲で隠れた伊吹山

三島池から見る伊吹山方面・著者撮影・2014 年 12 月

知足院の八重桜

知足院の植林中の八重桜・著者撮影・2015 年 1 月
(管轄している東大寺様より書面にて写真の掲載許可あり・許可書番号東庶写第 12388 号)

烏丸六条

烏丸六条・著者撮影・2014年12月

東大寺

東大寺・著者撮影・2015年1月
（東大寺様から書面にて掲載許可あり・許可書番号東庶写第12303号）

私の百人一首紀行

大倉俊雄

はじめに

　百人一首を初めて知ったのは、他の多くの人たちと同じく小学生時代だと思います。かるた遊びの道具として使いました。貴族や僧侶たちの和歌の内容もよく分からないまま、彼らの優雅な生活を想像していました。

　その後社会人になって、ふと本屋の新刊コーナーに百人一首の本を見つけ、何気なく購入し読み込んでいくと、かつては読み流していた和歌にとても深い意味があり、それを詠んだ歌人の人生をも併せて考えると、百人一首とはそれぞれの歌人たちがその時代にすべての情熱をかたむけて詠んだ歌であり、時代を越えた選抜オールスターの100首でもあると分かりました。

　私が旅行好きなこともあり、百人一首にちなんだ土地、旧跡をすべて踏破しようと思い立ち、百人一首紀行が始まったのです。

　いざ、歌の舞台を探してみると、これが意外と困難でした。歌の中に特定の地名が出てくることはむしろまれで、どう考えてもゆかりの場所を特定しようがない歌も多々ありました。そこで、百人一首に採用されている内容に限らず、歌人にちなんだ土地、同じ歌人の別の歌にちなんだ土地、歌人の活躍の場などと選択の幅を広げることによってようやく紀行を完遂することができました。思いのほか時間を要しましたが、達成感も格別です。

　ところで、この百人一首紀行の大半を終えた頃に、この記録を自費出版で残そうと考えました。しかしながらすべて自

分で撮った写真だからと言って勝手に掲載していいわけではないはずです。寺社仏閣においては何百年もの間、適切に管理しておられる方がいるからこそ我々はその恩恵に与っているのです。特定の管理者がおられると思われる被写体については直接問い合わせて掲載の許可を求めました。その結果大半の担当者から掲載のご許可を頂くことができ、無事出版にこぎつけることができました。関係者の皆様に深く感謝します。

            2015年12月　大倉俊雄

第一首

秋の田の　仮庵の庵の　苫をあらみ
　　わが衣手は　露にぬれつつ

天智天皇

　秋の田のほとりにある仮の小屋は、屋根を葺いた苫の目が粗いので、私の袖は夜露でぬれてしまうのですよ。

　天智天皇は第三十八代天皇であり、言わずと知れた中大兄皇子です。大化の改新によって天皇中心の政治を始めたことで知られています。ただし、この歌は作者不詳であったものが、天智天皇の作として伝わったというのが通説です。そして、記念すべき第一首に天智天皇御歌が選ばれたのは、百人一首が作られた当時の天皇家は天智系の系譜を引き継いでいるからという説があります。さて、この歌の舞台を特定することはできませんが、ゆかりの地として、近江神社（写真右上）があります。天智天皇が都と定めた場所とされており、琵琶湖の西岸の山裾にあります。境内はとても広いです。現在は百人一首ゆかりの場所としても有名です。他の関連場所としては、大化の改新が起こった板葺宮（巻頭カラー）、陵墓である山科の御陵などがあります。

近江神社

近江神社・著者撮影・2012年6月
（近江神宮様より書面にて写真の掲載許可あり）

歌との関連度　　　☆
人との関連度　　　☆☆☆
行きやすさ　　　　☆☆
おすすめ度　　　　☆☆☆

アクセス　京阪近江神宮前駅徒歩約9分

他に
明日香板葺宮
アクセス　近鉄橿原神宮前駅または飛鳥駅バス、またはタクシー

山科御陵
アクセス　京都地下鉄御陵駅徒歩

第二首

春過ぎて　夏来にけらし　白妙の
　　衣干すてふ　天の香久山

持統天皇

　春が過ぎて、夏が来たようだ。真っ白な衣が干されている天の香久山に。

　持統天皇は第四十一代天皇で、天智天皇の娘、天武天皇の妻です。天武天皇崩御後に即位しました。天武天皇とともの律令制度を推し進めたことで知られています。天の香久山（写真右上）は大和三山の一つで、万葉集などに歌われています。他の二山（畝傍山、耳成山）が単独峰であるのに対して、香久山は、多武峰から続く竜門山地の端にあたります。登山道もありますが、ややわかりにくかったです。標高は１５２．４メートルであり、程よい運動になります。他の関連場所として、天皇の陵墓（奈良県明日香村にあり、野口王墓古墳）が奈良県明日香村にあり、夫の天武天皇とともに埋葬されています。近鉄飛鳥駅から徒歩で行くことができます。

香久山

香久山・著者撮影・2013年5月

歌との関連度　　☆☆☆
人との関連度　　☆
行きやすさ　　　☆☆
おすすめ度　　　☆☆☆

アクセス　JR香久山駅徒歩約30分（山頂まで）

他に
野口王の御陵
アクセス　近鉄飛鳥駅徒歩

第三首

あしびきの　山鳥の尾の　しだり尾の
　　ながながし夜を　ひとりかも寝む

柿本人麻呂（かきのもとひとまろ）

　山鳥の長く垂れ下がった尾のように、長い長い夜を一人寝るのは、本当にさびしいものだ。

　柿本人麻呂は生没年不詳ですが、万葉期の宮廷歌人といわれています。兵庫県明石市に人麻呂が祀られている柿本神社（写真右上）があります。万葉集に「天離る　夷の長通ゆ　恋ひ来れば　明石の門より　大和島見ゆ」という明石由来の歌が載せられています。隣は明石天文科学館で、高台にある神社からは明石海峡大橋（巻頭カラー）を見ることができます。私にとっては三十数年振りでした。交通至便です。

柿本神社

柿本神社・著者撮影・2012年3月
（柿本神社様より書面にて写真の掲載許可あり）

歌との関連度　　　☆
人との関連度　　　☆☆☆
行きやすさ　　　　☆☆☆
おすすめ度　　　　☆☆☆

アクセス　山陽電鉄人丸駅徒歩約5分

第四首

田子の浦に　うち出でてみれば　白妙(しろたえ)の
　　ふじのたかねに　雪はふりつつ

山部赤人(やまべのあかひと)

　田子の浦に出て見上げてみると、真っ白い富士の高嶺には、雪が降り続いているよ。

　山部赤人は、柿本人麻呂よりやや後の宮廷歌人だったようで、人麻呂とともに二大歌聖とされています。
　富士と港の見える公園から見る、現在の富士と田子の浦（写真右上）です。当時の田子の浦とは場所がやや異なるようです。また、近くの「ふじのくに田子の浦みなと公園」には赤人の歌碑が建てられています。その日の天候によって富士が見えないこともあります。私も一度目は曇りでまったく富士が見えませんでしたので、口惜しくて二回行きました。新幹線新富士からタクシーでも可能ですが、両公園は間違いやすいようです。

富士と港の見える公園から

富士と港の見える公園から・著者撮影・2012年8月

歌との関連度　　☆☆☆
人との関連度　　☆
行きやすさ　　　☆☆
おすすめ度　　　☆☆☆

アクセス　JR吉原駅徒歩約10分、または新富士駅からタクシー

他に
ふじのくに田子の浦みなと公園
アクセス　JR吉原駅徒歩、または新富士駅からタクシー

第五首

奥山に　紅葉ふみ分け　なく鹿の
　　声聞くときぞ　秋はかなしき

猿丸太夫（さるまるだゆう）

　奥深い山で、紅葉を踏み分けて鳴く鹿の声を聞くときは、秋のさびしさをよりいっそう悲しさが身にしみるよ。

　猿丸太夫は奈良時代末期か平安初期に活躍したとされる伝説的歌人ですが、その存在すらよく分からないようです。
　京都府綴喜郡宇治田原町にある、猿丸太夫ゆかりの猿丸神社（写真右上）です。狛犬の代わりに狛猿（？）が鎮座しています。毎月十三日は月次祭で臨時バスが出ますが、その他の日は不便です。私はマイカーで行きました。

猿丸神社

猿丸神社・著者撮影・2012年7月
（猿丸神社様より書面にて写真の掲載許可あり）

歌との関連度　　　☆
人との関連度　　　☆☆☆
行きやすさ　　　　☆
おすすめ度　　　　☆☆☆

アクセス　京阪、JR宇治駅からタクシー約30分、またはバスで維中前下車＋徒歩またはタクシー（毎月十三日は猿丸神社までバスあり）

第六首

かささぎの　渡せる橋に　おく霜の
　　白きを見れば　夜ぞふけにける

中納言家持（ちゅうなごんやかもち）

　鵲（かささぎ）が天の川の渡すという橋が、霜のおりているように白い。すっかり夜も明けてしまったのだなぁ。

　大伴家持は古代からの名門大伴氏の棟梁でありましたが、藤原氏の興隆によって徐々に力を失っていきました。しかしながら、最古の和歌集である万葉集を編纂したことでもわかるように、歌人として実績は不動です。家持が赴任した越中の国、現在の富山県高岡市の気多神社境内大伴神社（写真右上）に家持が祀られています。また、高岡市の万葉博物館や鳥取の因幡万葉歴史館で家持の足跡を知ることができます。北陸新幹線が開通したので、便利になりました。

気多神社境内の大伴神社

気多神社・著者撮影・2012年5月
（気多神社様より書面にて写真の掲載許可あり）

歌との関連度　　　☆
人との関連度　　　☆☆☆
行きやすさ　　　　☆☆
おすすめ度　　　　☆☆☆

アクセス　JR羽咋駅より北鉄能登バス「一の宮」下車、徒歩5分、またはJR高岡駅からタクシー

他に
高岡市の万葉博物館
アクセス　JR高岡駅バス、またはタクシー

鳥取の因幡万葉歴史館
アクセス　JR鳥取駅バス、またはタクシー

第七首

天の原　ふりさけみれば　春日なる
　　三笠の山に　いでし月かも

安倍仲麻呂

　大空を仰ぎ見れば、故郷の春日にある三笠山のうえに出ていたのと同じ月が出ている。

　安倍仲麻呂は奈良時代に遣唐留学生として唐に渡り、５０年以上を異国で暮らしました。日本に帰国するための送別会で詠んだ歌という説がありますが、帰国船が難破し、二度と日本に帰ることができませんでした。その史実からこの歌を鑑賞すると万感に迫るものがあります。奈良公園から三笠山（現在の春日山、別名御蓋山）をバックにした浮見堂（写真右上）です。また中国の西安市や江蘇州鎮江に歌碑があるとのことです。鎮江には上海から鉄道ですが、私は、上海（巻頭カラー）まで飛行機で行くのが精一杯でした。

御蓋山（現在の春日山）

御蓋山と浮見堂・著者撮影・2012年7月
（奈良公園事務所様へ使用許可申請→収受済）

歌との関連度　　☆☆☆
人との関連度　　☆☆
行きやすさ　　　☆☆
おすすめ度　　　☆☆☆

アクセス　ＪＲまたは近鉄奈良駅からバス大仏殿春日大社前下車

他に
中国鎮江市の歌碑、
アクセス　上海から鉄道
　（中国に他にも歌碑あり）

第八首

わが庵は　都のたつみ　しかぞすむ
　　世をうじ山と　ひとはいふなり

喜撰法師（きせんほうし）

　私の庵は都からは東南の方角にあり、快適に暮らしています。世間では世をはかなんで隠れ住んでいると言っているようですが。

　恐らくは平安初期に活躍したと思われる伝説の歌人。六歌仙の一人であるが、生没年も含めてよく分かりません。都のたつみ（辰巳・南西）にある宇治の喜撰山の喜撰洞（写真右上・表紙）で隠棲生活を送ったともいわれ、今も法師像が鎮座されています。喜撰洞へは宇治の中心部からではかなり遠く、喜撰ダムまでは車で行くことができますが、その後は山道（裏表紙）です。整備された道ではありませんので、それなりの装備が必要で、お一人で行かれるのはおすすめしません。また、宇治川に喜撰橋があります。

喜撰洞の喜撰法師様

場所・著者撮影・2012年7月
（宇治市様より書面にて写真の掲載に許可不要との連絡あり）

歌との関連度　　　☆☆☆
人との関連度　　　☆☆☆
行きやすさ　　　　☆
おすすめ度　　　　☆☆☆
個人的思い入れ度 ☆☆☆☆☆☆

アクセス　ＪＲまたは京阪宇治駅からタクシー、またはレンタカーで
喜撰山ダム、そこから徒歩（山道）約20分

他に
喜撰橋
アクセス　ＪＲまたは京阪宇治駅徒歩

第九首

花の色は　うつりにけりな　いたづらに
　　わが身世にふる　ながめせしまに

小野小町(おののこまち)

　花の色は、長雨が降っている間に色あせてしまった。私の容姿も、物思いをしている間に衰えてしまいました。

　小野小町は平安初期の女流歌人で、小野 篁(おののたかむら)の孫とされています。絶世の美女としても知られ、全国に小町伝説が残っていますが、生没年を含めてその経歴ははっきりしません。六歌仙の一人で、在原業平、遍照、文屋康秀らとの交流歌が残っています。京都市山科区小野にある随心院（写真右上）は、小町ゆかりの門跡寺院とされ、境内には歌碑もあります。また、京都市左京区市原の補陀落寺（第三十六首参照）は通称小町寺といわれ、境内には小町が自分の年老いた姿を映して嘆いたという、姿見の井戸などがあります。

随心院

随心院・著者撮影・2012年6月
（随心院様より書面にて写真の掲載許可あり）

歌との関連度　　　☆
人との関連度　　　☆☆☆
行きやすさ　　　　☆☆
おすすめ度　　　　☆☆☆

アクセス　京都地下鉄東西線小野駅徒歩約５分

他に
補陀落寺（小町寺）
アクセス　叡山電鉄市原駅徒歩

第十首

これやこの　行くも帰るも　別れては
　　知るも知らぬも　逢坂の関

蝉丸（せみまる）

　これがあの、東国に行く人も都へ帰ってくる人も、また知っている人も知らない人も、別れてはまた逢い、逢っては別れるという逢坂の関なんだなぁ。

　蝉丸法師も生没年を含めてほとんど経歴が分かっていませんが、平安初期の醍醐天皇のころに逢坂山に庵をむすんだ盲目の琵琶法師ともいわれています。現在の逢坂の関には、蝉丸の名のついた、関蝉丸神社上社、関蝉丸神社下社、蝉丸神社があります。すべて京阪電鉄大谷駅から徒歩で行くことができますが、トラックなど交通量の多い道を歩くので充分気を付けるべきです。また、福井県越前町には蝉丸法師の墓（写真右上）とされる場所があり、三基のうちどれかが蝉丸法師のお墓とされています。タクシーでの往復が無難です。

蝉丸法師のお墓

伝・蝉丸法師のお墓・著者撮影・2012年5月
（越前町観光連盟様から使用に問題なしとの通達）

歌との関連度　　　☆
人との関連度　　　☆☆☆
行きやすさ　　　　☆
おすすめ度　　　　☆☆☆

アクセス　JR鯖江駅からタクシー約20分

他に
逢坂の関
アクセス　京阪電鉄大谷駅徒歩

関蝉丸神社上社、関蝉丸神社下社、蝉丸神社
アクセス　京阪電鉄大谷駅徒歩

第十一首

わたの原　八十島(やそしま)かけて　漕ぎ出でぬと
　　　人には告げよ　海人(あま)の釣舟(つりぶね)

参議篁(さんぎたかむら)

　私が大海原の多くの島々を目指して舟を漕ぎ出したと、都の人たちに伝えてくれ。釣り船の漁師たちよ。

　参議篁(たかむら)は小野篁のことで、嵯峨上皇の遣唐使派遣を批判したことで、隠岐の島に流罪になったときの歌です。現在も隠岐の島（巻頭カラー）へはフェリーで行くことができます。ところで篁は、昼は朝廷で、夜は京都六道の辻の珍皇寺(ちんのうじ)（写真右上）の井戸をくぐり地獄の閻魔様(えんまさま)に仕えていたとの伝説もあります。また、墓は北大路通南、堀川通西の島津製作所近くに紫式部の墓と並んでいます。

六道珍皇寺

六道珍皇寺・著者撮影・2012年6月
（六道珍皇寺様より書面にて写真の掲載許可あり）

歌との関連度　　☆
人との関連度　　☆☆☆
行きやすさ　　　☆☆
おすすめ度　　　☆☆☆

アクセス　京都市バス清水道徒歩約5分

他に
隠岐の島
アクセス　松江市七類港、境港市境港からフェリー、または飛行機

第十二首

天つ風　雲の通ひ路　吹き閉ぢよ
　　をとめの姿　しばしとどめむ

僧正遍照

　天からの風よ、雲の中の天女の通り道を吹き閉ざしてくれ。天女のような乙女の姿をもうしばらく留めておきたいから。

　遍照が出家前、俗名良岑宗貞と言われていた頃に、宮中の五節の舞を見て歌ったものです。五節の舞とは、陰暦十一月に行われる宮中行事で、選ばれた未婚の貴族の女性五人が舞を舞う儀式です。遍照は京都市山科の元慶寺（写真右上）を開基しました。境内には歌碑もあります。他にゆかりの土地は、小野小町との歌のやり取りがあった大和の石上寺（良因寺、現在は跡のみ、第二十一首参照）、五節の舞が行われた御所、別当を務めた京都市北区の雲林院などがあります。

元慶寺

場所・著者撮影・2012年6月
（元慶寺様より書面にて写真の掲載許可あり）

歌との関連度　　☆
人との関連度　　☆☆☆
行きやすさ　　　☆☆
おすすめ度　　　☆☆☆

アクセス　京都市地下鉄東西線御陵駅徒歩約20分

他に
良因寺
アクセス　JRまたは近鉄天理駅タクシー

御所
アクセス　京都地下鉄今出川徒歩
雲林院
アクセス　京都市バス大徳寺徒歩

第十三首

つくばねの　峯より落つる　みなの川
　　こひぞつもりて　淵(ふち)となりぬる

陽成院(ようぜいいん)

　筑波山のみねから流れ出るみなの川（男女川）。その水が積もって淵になるように、あなたに対する私の恋も川水のように積もって、淵のように深くなったのですよ。

　陽成院とは第五十七代天皇で、九歳で即位し、わずか八年で退位されました。この歌は十代の頃、のちに后になる綏子(すいし)内親王へ送られた歌です。つくばねとは茨城県筑波山（写真右上）のことで、万葉時代から恋の山として有名な歌枕でした。つくばエクスプレスつくば駅からバスやタクシーで行けますが、天気が良ければ駅前の某ビルからの景色がおすすめです。退位後六十年以上後の八十二歳で崩御され、京都市左京区浄土寺に御陵があります。

筑波山

筑波山・著者撮影・2013年10月

歌との関連度　　☆☆☆
人との関連度　　☆☆
行きやすさ　　　☆
おすすめ度　　　☆☆☆

アクセス　つくばエクスプレスつくば駅バス　ただし、写真はつくば駅前のビルから

他に
陽成天皇陵
アクセス　京都市バス錦林車庫前徒歩

第十四首
陸奥の　しのぶもぢ摺り　たれゆゑに
　　乱れそめにし　われならなくに

河原左大臣

　陸奥の信夫もぢ摺りの乱れ模様のように、私の心も乱れています。いったい誰のために乱れているのでしょう。あなたのためです。

　河原左大臣とは嵯峨天皇の皇子で臣籍降下した源融のことです。陸奥の信夫（福島県信夫郡）で産するしのぶ草を、乱れ模様の石・文知摺石（写真右上は福島市文知摺観音の敷地内にあります）に擦り付けて染めた布のことをしのぶもち摺りと言うそうです。境内には源融のお墓などがあります。ところで、源融は鴨川のほとり、六条河原（第四十七首参照）に河原院とよばれる豪華な邸宅を建てて住んだといわれています。また、京都市右京区の清凉寺は別荘「棲霞観」の跡地と言われ、その境内にもお墓があります。

文知摺観音・文知摺石

文知摺石・著者撮影・2012年3月
(文知摺観音管理者・安洞院様より書面にて写真の掲載許可あり)

歌との関連度　　☆☆☆
人との関連度　　☆☆
行きやすさ　　　☆☆
おすすめ度　　　☆☆☆

アクセス　JR福島駅バスまたはタクシー約20分

他に
六条河原(河原院)
アクセス　京阪清水五条駅徒歩

清凉寺
アクセス　京福電車嵐山駅徒歩　または市バス嵯峨釈迦堂前すぐ

第十五首
君(きみ)がため　春(はる)の野(の)に出(い)でて　若菜(わかな)つむ
　　わが衣手(ころもで)に　雪(ゆき)はふりつつ

光孝天皇(こうこうてんのう)

　あなたのために春の野に出て、若菜をつみます。そんな私の袖に雪が舞い降り続けていますよ。

　光孝天皇は第五十八代天皇で、陽成天皇退位の後に五十七歳で即位しました。大変温厚な方であったとのことです。歌は即位前に読まれたものです。在位中に仁和寺の建立を発願され、あとを継いだ宇多天皇の御代に完成しました。写真右上は、仁和寺から京福御室仁和寺駅に続く道です。他には、直接歌には関係ないようですが、山科の大乗寺に歌碑があります。

仁和寺界隈

仁和寺から京福御室仁和寺駅方面・著者撮影・2013年10月

歌との関連度　　☆
人との関連度　　☆☆☆
行きやすさ　　　☆☆
おすすめ度　　　☆☆☆

アクセス　京福御室仁和寺駅徒歩約５分

他に
大乗寺
アクセス　京都地下鉄御陵駅徒歩

第十六首
立ち別れ　いなばの山の　峰に生ふる
　　まつとし聞かば　いま帰り来む

中納言行平

　あなたと別れ、因幡の国へ行ったとしても、稲葉の山の松のように、あなたがずっと待つと聞いたなら、すぐにでも帰ってきましょう。

　中納言行平とは、在原行平のことで、業平の兄です。三十八歳のときに因幡（今の鳥取県）の国司に赴任するときに詠まれた歌です。鳥取市の因幡国庁跡（写真右上）に松が植えられています。国庁跡には因幡万葉資料館があり、因幡の国の歴史を知ることができます。

因幡国庁跡

因幡国庁跡・著者撮影・2012年6月
（鳥取県担当者様より文書にて写真の掲載に問題なしとの通達）

歌との関連度　　☆☆☆
人との関連度　　☆☆☆
行きやすさ　　　☆
おすすめ度　　　☆☆☆

アクセス　JR鳥取駅タクシー約20分

第十七首

ちはやぶる　神代(かみよ)も聞(き)かず　竜田川(たつたがわ)
　　からくれなゐに　水(みず)くくるとは

在原業平朝臣(ありはらのなりひらあそん)

　神代の昔から聞いたことなどありません。竜田川の水が紅葉によってくれない色に染めあがるとは。

　在原業平は六歌仙の一人で、伊勢物語の主人公としても知られています。恋と歌で有名です。この歌はかつての恋人（？）で清和天皇の二条后（藤原高子）に屏風歌を求められて詠んだ歌です。竜田川は現在の大和川（写真右上）で、紅葉で水面が覆われるというのは大げさですが、屏風歌は現実の風景ではなく屏風絵から連想した歌なのでこれくらいの派手さがある方がいいのでしょうか。近くの三室山のふもとには歌碑もあります。

竜田川（現在の大和川）

竜田川（現在の大和川）・著者撮影・2012年7月

歌との関連度　　☆☆☆
人との関連度　　☆☆
行きやすさ　　　☆
おすすめ度　　　☆☆

アクセス　JR三郷駅徒歩

他に
三室山
アクセス　ＪＲ王寺駅からバスで三室山下徒歩

第十八首
住之江の　岸に寄る波　よるさへや
　　夢の通い路　人目よくらむ

藤原敏行

　住之江の岸に打ち寄せる波のように、あなたに心を寄せているのに、夢の中でさえも、あなたは人目を気にして会ってくれないのですね。

　藤原敏行は能筆家で有名で、空海、小野道風と併せて三蹟と称えられています。当時の住之江の岸による波は、今の住吉大社の太鼓橋（写真右上）近くまで打ち寄せられていたそうです。橋が架かる池は当時の入り江の名残とされています。他に関連する場所は京都市高雄の神護寺です。梵鐘の銘文が敏行によるものとされていますが、残念ながら一般には非公開です。

住吉大社の太鼓橋

住吉大社・著者撮影・2012年8月
(住吉大社様より書面にて写真の掲載許可あり)

歌との関連度 　　　☆☆☆
人との関連度 　　　☆
行きやすさ 　　　　☆☆☆
おすすめ度 　　　　☆☆☆

アクセス　南海本線住吉大社駅から東へ徒歩3分　または阪堺線住吉鳥居前駅から徒歩すぐ

他に
神護寺
アクセス　京都市内からタクシー、またはバス

第十九首

難波潟(なにわがた)　短き葦(あし)の　ふしの間(ま)も
　　逢わでこの世(よ)を　過(か)ぐしてよとや

伊勢(いせ)

　難波潟の入り江に茂っている葦の、短い節と節の間のような短い時間でさえお会いできないで、この世を過ごしていけと言われるのですか。

　伊勢とは伊勢の守藤原継蔭(つぐかげ)の娘で、宇多天皇の中宮温子に仕えました。また、恋多き女性としても有名で、温子の兄仲平、宇多天皇、その皇子敦慶(あつよし)親王などに愛されたといわれています。かつての難波潟は現在の大阪湾で、面影は全くありませんが、現在の海岸線には洒落たスポットが数多くあり、例えば大阪市南港の大阪市咲州庁舎展望台（コスモタワー）から見る大阪湾の夜景（巻頭カラー）はとてもロマンチックです。ところで、伊勢が宇多天皇の没後に隠棲した地が大阪府高槻市の伊勢寺（写真右上）といわれています。

伊勢寺

場所・著者撮影・2012年3月
（伊勢寺様より書面にて写真の掲載許可あり）

歌との関連度　　　☆
人との関連度　　　☆☆☆
行きやすさ　　　　☆☆
おすすめ度　　　　☆☆☆

アクセス　ＪＲ高槻駅から市営バス上天神下車徒歩約５分、またはタクシー

他に
大阪市咲州庁舎展望台
アクセス　（大阪）南港ポートタウン線トレードセンター前すぐ

第二十首

侘びぬれば　今はた同じ　難波なる
　　みをつくしても　逢はむとぞ思ふ

元良親王

　こんなにつらい思いをするくらいならもはや同じことです。難波の澪標のように（身を尽くし、身を滅ぼしても）逢いたいと思います。

　元良親王は陽成天皇が退位した後に生まれた第一皇子です。宇多上皇の寵愛する藤原褒子への道ならぬ恋の歌です。当時の難波（大阪湾）は現在よりはるかに陸地側にあったので、大阪駅近くのビルから見る大阪湾へつながる淀川河口（写真右上）が、この歌の舞台と言えそうです。ちなみに、大阪市のマンホール（巻頭カラー）には真ん中に澪標をかたどったタイプもあります。

淀川河口

淀川河口・著者撮影・2012年8月

歌との関連度 　　☆☆
人との関連度 　　☆
行きやすさ 　　☆☆☆
おすすめ度 　　☆☆☆

アクセス　JR大阪駅から徒歩圏内のビルから

第二十一首

今来むと　いひしばかりに　長月の
　　有明の月を　待ち出でつるかな

そせいほうし
素性法師

　すぐに来るとあなたがおっしゃったので、私は九月の長い夜をずっと待ち続けて、とうとう有明の月が出てしまいましたよ。

　素性法師とは遍照の息子で、父親と同じく出家しました。（というか、無理に出家させられた？）遍照が亡くなったあと京都市北区の雲林院（第七十首参照）に住んでいましたが、のちに小野小町と遍照が歌を交わしたことで有名な奈良県天理市石上（いそのかみ）の良因寺（写真右上）に移りました。良因寺は現在、厳島神社（広島県厳島神社を総本社とする）となっており、少しわかりにくいところです。私は近くの高校出身なのですが、それでも少し迷いました。

良因寺跡

良因寺跡・著者撮影・2012年7月
（天理市文化財課を通して、天理市布留区長様から手続きなしでよいと連絡あり）

歌との関連度　　　☆
人との関連度　　　☆☆☆
行きやすさ　　　　☆
おすすめ度　　　　☆☆☆

アクセス　JRまたは近鉄天理駅タクシー約10分

他に
雲林院
アクセス　京都市バス大徳寺徒歩

第二十二首

吹くからに　秋の草木の　しをるれば
　　むべ山風を　あらしといふらむ

文屋康秀（ぶんやのやすひで）

　吹くとすぐに秋の草木がしおれてしまうので、なるほど山から吹き降ろして来る風を嵐というのであろうか。

　文屋康秀は平安初期の歌人で六歌仙の一人ですが、官位が低かったためか経歴はよく分からないようです。三河掾（みかわのじょう）として三河国（現在の愛知県）の国府（写真右上）へ赴任するときに小野小町と交わした歌が残っています。

三河国府跡(現在の曹源寺)

三河国府跡(曹源寺)・著者撮影・2012年8月
(曹源寺を管理されている、豊川市龍源寺様より書面にて写真の掲載許可あり)

歌との関連度 ☆
人との関連度 ☆☆☆
行きやすさ ☆☆
おすすめ度 ☆☆☆

アクセス 名鉄国府駅徒歩約8分

第二十三首

月見れば　ちぢにものこそ　悲しけれ
　　わが身ひとつの　秋にはあらねど

大江千里（おおえのちさと）

　秋の月を眺めていると、様々なことが悲しく思われる。私一人のために秋が訪れたわけではないのだが。

　大江千里は平安時代初期の漢学者、歌人です。伊予権守として現在の愛媛県に赴任していたらしいです。伊予の国府の場所は現在の今治市のようですが、いまだにはっきりした場所はわからないようです。伊予の国（愛媛県）といえば日本最古級の道後温泉（写真右上）が有名です。JR松山駅からバスや路面電車が走っています。夏目漱石の「坊ちゃん」で有名です。いよのくにの「よ」は道後の湯「ゆ」から転じたという説もあるようです。

道後温泉本館

道後温泉本館・著者撮影・2012年8月
（観光協会様より口頭にて写真の掲載許可あり）

歌との関連度　　☆
人との関連度　　☆☆
行きやすさ　　　☆☆
おすすめ度　　　☆☆☆

アクセス　JR松山駅からバス約25分、または路面電車約20分

他に
伊予の国国府
アクセス　今治市？

第二十四首

このたびは　幣(ぬさ)もとりあへず　手向山(たむけやま)
　　紅葉の錦　神(かみ)のまにまに

菅家(かんけ)

　今回の旅は急だったので、お供えの幣を用意することは出来ませんでした。しかし、手向山の美しい紅葉を捧げますので神の御心のままにお受け取りください。

　菅家とは学問の神、菅原道真のことで、宇多天皇に重用され天皇親政を支えました。天皇が退位して上皇になったあとに、吉野の宮滝にお出かけになり、そのお供をした道真が詠んだ歌です。歌の手向山は特定の山を指していないとも言われますが、奈良市の東大寺近くに手向山八幡宮（写真右上）があり、紅葉の名所として知られています。また、道真は醍醐天皇の御代には右大臣にまで上りましたが、左大臣藤原時平の讒言(ざんげん)によって九州の大宰府に左遷され、当地で没しました。大宰府には左遷された道真を追いかけて飛んできたといわれる飛び梅（写真巻頭カラー）があります。

手向山八幡宮

手向け山八幡宮・著者撮影・2012年7月
（手向け山八幡宮より書面にて写真の掲載許可あり）

歌との関連度　　☆☆☆
人との関連度　　☆
行きやすさ　　　☆☆
おすすめ度　　　☆☆☆

アクセス　JRまたは近鉄奈良駅から市内循環バス大仏殿春日大社前下車徒歩15分

他に
太宰府天満宮
アクセス　西鉄太宰府駅徒歩

第二十五首

名にし負はば　逢坂山(おうさかやま)の　さねかずら
　　人に知られで　くるよしもがな

三条右大臣(さんじょううだいじん)

　逢って、とも寝をするという逢坂山のさねかずらよ。その蔓(つる)を手繰り寄せるように、人に知られず、あなたに会いたいものです。

　三条右大臣とは藤原定方といい、醍醐天皇の御代に右大臣をつとめ、和歌の普及に功績があったらしいです。逢坂の関には、蝉丸の歌、清少納言の歌とともに定方の歌碑が並んでいます（第六十二首参照）。また、現在の京都市山科区に勧修寺(かんじゅうじ)（写真右上・巻頭カラー）を建立しました。

勧修寺

勧修寺・著者撮影・2012年6月
（勧修寺様より書面にて写真の掲載許可あり）

歌との関連度　　　☆
人との関連度　　　☆☆☆
行きやすさ　　　　☆☆
おすすめ度　　　　☆☆☆

京都地下鉄小野駅徒歩 約6分

他に
逢坂の関
アクセス　京阪大谷駅下車すぐ

第二十六首

小倉山　峰のもみぢ葉　心あらば

　　今ひとたびの　みゆき待たなむ

貞信公

　小倉山の峰の紅葉よ、もし心があるなら天皇のもう一度の行幸があるまで、散らないで待ってくれないか。

　貞信公は藤原忠平のことであり、摂政、関白、太政大臣をつとめ、藤原氏全盛の基礎を作りました。この歌は宇多上皇の御幸の折に、小倉山（写真右上）の紅葉が美しかったので、醍醐天皇の行幸まで散らないでほしいと詠んだ歌です。ちなみに上皇の来訪を御幸、天皇の来訪を行幸といいますが、読みが同じなので、実現していない天皇の行幸にたいして、今ひとたびのと表現したのでしょう。小倉山の中腹にある常寂光寺（第九十七首参照）は、紅葉の名所であり、小倉百人一首のゆかりの寺でもあります。京都市嵯峨野の観光スポットの一つです。

JR嵯峨嵐山駅から見る小倉山

小倉山・著者撮影・2015年1月

歌との関連度　　☆☆☆
人との関連度　　☆☆
行きやすさ　　　☆☆☆
おすすめ度　　　☆☆☆

アクセス　京福電鉄嵐山駅、JR嵯峨嵐山駅徒歩約15分

第二十七首

みかの原　わきて流るる　いづみ川

　　いつ見きとてか　恋しかるらむ

中納言兼輔（ちゅうなごんかねすけ）

　みかの原を湧き出て流れるいづみ川。その「いつみ」ではないが、いったい、いつあなたに会ったというのか。それなのに恋しく思ってしまう。

　中納言兼輔（かねすけ）は藤原兼輔のことで、紫式部の曽祖父にあたります。いづみ川とは現在の京都府木津川市の木津川（写真右上）です。歌碑のある恭仁（くに）大橋からよく見えます。近くには聖武天皇の御代に恭仁（くにきょう）京が置かれていました。

いづみ川（いまの木津川）

いずみ川・著者撮影・2012年7月

歌との関連度　　☆☆☆
人との関連度　　☆☆
行きやすさ　　　☆☆
おすすめ度　　　☆☆

アクセス　JR加茂駅徒歩約15分、またはバス

他に
恭仁京跡
アクセス　ＪＲ加茂駅タクシー

第二十八首

山里は　冬ぞさびしさ　まさりける
　　人目も草も　かれぬと思えば

源宗于朝臣（みなもとむねゆき あそん）

　山里は、冬がよりいっそう寂しさが強まるものだ。人の訪問も途絶えてしまい、草も枯れてしまうと思うと。

　源宗于は光孝天皇の皇孫にあたりますが、官位に恵まれず不遇を嘆いていたともいわれています。その背景を知ったうえでこの歌を鑑賞すると、歌の哀しさが伝わってくるようです。平成二十七年の正月三が日には、京都市内で六十二年ぶりの大雪が降りました。その時に京都駅から周囲の山の雪景色（写真右上）が見えました。ところで、源宗于と光孝天皇の歌碑が京都市山科の大乗寺にあります。特に直接の関連はないようですが、確かに歌の雰囲気と山科の土地柄が合っているような気がします。

京都駅から見る雪景色

京都駅から見る雪景色・著者撮影・2015年1月

歌との関連度　　☆☆☆
人との関連度　　☆
行きやすさ　　　☆☆☆
おすすめ度　　　☆☆

アクセス　JR京都駅

他に
大乗寺
アクセス　京都地下鉄御陵駅徒歩

第二十九首

心あてに　折らばや折らむ　初霜の
　　置きまどはせる　白菊の花

凡河内躬恒（おおしこうちのみつね）

　あてずっぽうに折るならば、折ってみようか、初霜がおりて霜と見分けのつかない白菊の花を。

　凡河内躬恒は平安初期の歌人で、官位は低いながら、古今和歌集の選者の一人に選ばれました。姫路市の廣峯神社の廣峯氏は凡河内氏の末裔とされているようです。神社へはJR姫路駅からバス、下車後に徒歩でも行くことは出来ますが、はっきり言って登山です。ところで、宇多法皇の大堰川（写真右上・現在の桂川の渡月橋より上流）行幸のおり「わびしらに猿ななきそ（ましら）　あしひきの　山のかひある　今日にやはあらぬ」を詠っています。現在、近くのモンキーパークは人気の観光スポットとして有名です。

大堰川

大堰川・著者撮影・2015年10月

歌との関連度　　☆
人との関連度　　☆☆
行きやすさ　　　☆☆
おすすめ度　　　☆☆☆

アクセス　阪急嵐山駅、または京福嵐山駅徒歩約5分

他に
廣峯神社
アクセス　ＪＲ姫路駅タクシー

第三十首

有明の　つれなく見えし　別れより
　　暁ばかり　憂きものはなし

みぶのただみね
壬生忠岑

　明け方に有明の月が無情なものに見えた、あの別れの時以来、暁の頃ほどつらいときはありません。

　壬生忠岑は、官位としては低かったのですが、古今和歌集の選者の一人に選ばれました。有明の月とは、夜が明けかかっても空に残っている月のことで、夜が明ける（逢瀬が終わる）象徴としての切ない響きがあります。写真は平成二十五年五月五日の午前五時ごろの、三条大橋から見えた三条京阪バス停の上に見えた有明の月（写真右上）です。

三条大橋から見えた有明の月

有明の月・著者撮影・2013年5月

歌との関連度　　☆☆☆
人との関連度　　☆
行きやすさ　　　☆☆
おすすめ度　　　☆☆

アクセス　京阪三条駅下車(ただし、電車の運行時間ではないので、市内の宿泊施設からタクシー)

第三十一首

朝ぼらけ　有明の月と　見るまでに
　　吉野の里に　降れる白雪

坂上是則（さかのうえのこれのり）

　夜が明けてくるころに見渡すと、有明の月が照らしているのかと思うほどに、吉野の里に雪が降っている。

　坂上是則は征夷大将軍坂上田村麻呂の子孫といわれ、歌以外に蹴鞠も得意だったといわれています。大和の国司の経歴もあり吉野の雪（写真右上）に愛着があったのかもしれません。吉野は古来、天皇の行幸があったり、多くの和歌に詠まれたりした特別な地域でした。

残雪の残る吉野山

吉野山・著者撮影・2014年1月

歌との関連度　　　☆☆☆
人との関連度　　　☆☆☆
行きやすさ　　　　☆☆
おすすめ度　　　　☆☆☆

アクセス
近鉄吉野駅からロープウェイ約3分、バス約25分、徒歩（足元に気を付けて）

第三十二首

山川に　風のかけたる　しがらみは
　　流れもあへぬ　紅葉なりけり

はるみちのつらき
春道列樹

　山の中を流れる川に風がかけたしがらみとは、流れきれずにいる紅葉なのだ。

　春道列樹は物部氏の末裔ともいわれますが、経歴などはよく分かっていません。京都の東山の北から、近江の坂本に抜ける「志賀の山越え」の道中で詠まれました。現在はすでに廃寺になった崇福寺のあたり（写真右上）と思われます。

崇福寺址

崇福寺跡・著者撮影・2012年6月
（大津市観光振興課様より掲載に問題なしとの回答）

歌との関連度　　☆☆☆
人との関連度　　☆☆
行きやすさ　　　☆
おすすめ度　　　☆☆☆

アクセス　京阪電鉄滋賀里駅徒歩約20分、またはタクシー

第三十三首

ひさかたの　光のどけき　春の日に
　　しづ心なく　花の散るらむ

紀友則（きのとものり）

　のどかな光の照っている春の日なのに、どうして落ち着いた心もなく、花は散ってしまうのだろうか。

　紀友則は古今和歌集の編者の一人でしたが、完成前に亡くなってしまいました。紀貫之の従兄弟に当たります。彼ら紀家は奈良時代には豪族として栄えていましたが、徐々に藤原家の興隆とともに力を失っていったようです。ところで、友則の別の歌、「一本（ひのもと）と思ひし花を大沢の池の底にも誰か植ゑけむ」の歌碑が嵯峨野の大覚寺の大沢の池（写真右上）のほとりに建っています。

大沢池

大沢池・著者撮影・2012年3月
(大覚寺様から書面にて掲載許可あり)

歌との関連度　　　☆
人との関連度　　　☆☆
行きやすさ　　　　☆☆
おすすめ度　　　　☆☆☆

アクセス　ＪＲ京都駅からバスで大覚寺すぐ

第三十四首

誰をかも　知る人にせむ　高砂の
　　松も昔の　友ならなくに

藤原興風（ふじわらのおきかぜ）

　年老いた私はいったい誰を友にすればよいのか、長寿といわれる高砂の松さえ、昔からの友ではないのだから。

　藤原興風は十世紀初めの歌や管弦に優れていた人物らしいが、詳しい経歴は分かりません。高砂は播磨の国の地名で、松の名所です。松は長生きの象徴とされており、高砂市の高砂海岸の松（写真右上）は特に有名です。山陽電鉄高砂駅からタクシーで行きましたが、運転手さんによれば子供の頃は海水浴もできたそうです。

高砂海岸の松

高砂海岸・著者撮影・2015年10月

歌との関連度　　☆☆☆
人との関連度　　☆
行きやすさ　　　☆☆
おすすめ度　　　☆☆☆

アクセス　山陽電鉄高砂駅タクシー約10分

第三十五首

人はいさ　心も知らず　ふるさとは
　　花ぞ昔の　香ににほひける

紀貫之（きのつらゆき）

　あなたの心は、さあどうか分かりませんが、ふるさとは梅の花が昔のままの香りを誇っています。

　紀貫之は古今和歌集の代表的選者で、平安期最大の歌人といわれています。この歌は貫之が大和の初瀬（現在の奈良県桜井市）の長谷寺に参詣する折に、定宿としていた家に久しぶりに訪れた時に、「ずいぶんとお見限りでしたね。」と皮肉を言われた折に返した歌です。境内には貫之ゆかりの梅の木（写真右上）もあります。また、土佐日記の作者としても有名ですが、赴任地の土佐で娘に先立たれた悲しみがつづられています。

長谷寺境内の「故里の梅」

長谷寺・著者撮影・2012年8月
（長谷寺様より書面にて掲載許可あり）

歌との関連度　　☆☆☆
人との関連度　　☆☆
行きやすさ　　　☆☆
おすすめ度　　　☆☆☆

アクセス　近鉄長谷寺駅徒歩約15分

第三十六首

夏の夜は　まだ宵ながら　明けぬるを
　　雲のいづこに　月宿るらむ

清原深養父（きよはらのふかやぶ）

　夏の夜は、まだ宵の口だと思っているうちに明けてしまったが、いったい雲のどのあたりに月は宿っているのだろうか。

　清原深養父は清少納言の曽祖父で、琴の名手でもあったとのことです。晩年は京都の洛北、鞍馬と大原の間、静原の山中に補陀落寺を建てて隠棲生活を送ったとのことです。のちに当時の寺は廃寺となり、現在の京都市左京区市原にその名を引き継いだ補陀落寺・通称小町寺（写真右上）が建てられました。

補陀落寺・通称小町寺

補陀落寺・著者撮影・2015年10月
（補陀落寺様より書面にて掲載許可あり）

歌との関連度　　☆☆☆
人との関連度　　☆
行きやすさ　　　☆☆
おすすめ度　　　☆☆☆

アクセス　叡山電鉄市原駅徒歩約10分、または京都バス小町寺下車

第三十七首

白露に　風の吹きしく　秋の野は
　　つらぬきとめぬ　玉ぞ散りぬる

ぶんやのあさやす
文屋朝康

　白露に風が吹きすさぶ秋の野の風景は、まるで紐で貫いていない玉が散っているようだ。

　文屋朝康は、第二十二番歌の康秀の子供で、官位は低く経歴もはっきりしません。文屋一族ゆかりの滋賀県北近江市の押立神社（写真右上）に朝康と康秀の歌碑があります。創建は767年で、中世以降は領主の佐々木氏や井伊氏の保護を受けていたようです。60年に一度行われる大祭のドケ祭は、鬼の面をかぶり踊り狂う特異なもので奇祭として名を馳せています。

押立神社

押立神社・著者撮影・2012年5月撮影
（押立神社様より書面にて掲載許可あり）

歌との関連度　　　☆☆
人との関連度　　　☆☆
行きやすさ　　　　☆☆
おすすめ度　　　　☆☆☆

アクセス　JR能登川駅タクシー約20分、または近江鉄道五個荘駅タクシー

第三十八首

忘らるる　身をば思はず　誓ひして
　　人の命の　惜しくもあるかな

右近

　あなたに忘れられるわが身のつらさは何とも思いませんが、私への愛を誓ったあなたの命が罰を受けて失われるのが惜しまれてなりません。

　右近は醍醐天皇の后穏子(おんし)に仕え、数多くの恋をしたとのことです。この歌はそのうちの一人、藤原敦忠(ふじわらのあつただ)に送った歌とされています。右近には他に、「とふことを　待つに月日は　こゆるぎの　磯にや出でて　今はうらみむ」という同じく情念のこもった歌があります。こゆるぎの磯とは現在の大磯海岸（写真右上）とされ、相模の国の歌枕です。

こゆるぎの磯（現在の大磯海岸）

大磯海岸・著者撮影・2012年4月撮影

歌との関連度　　☆
人との関連度　　☆☆
行きやすさ　　　☆☆
おすすめ度　　　☆☆

アクセス　　JR大磯駅徒歩約10分

第三十九首

浅茅生の　小野の篠原　しのぶれど
　　あまりてなどか　人の恋しき

参議等

　浅茅が生える野辺の篠原の「しの」のように忍んでも忍びきれない、どうして、こんなにあなたが恋しいのでしょうか。

　参議等とは源等のことで、嵯峨天皇の曾孫にあたります。小野とは、小が接頭語、野は野原の意。篠原とは細い竹の生えている原で、特定の地域を指すのではなく、全国に篠原という地名はあります。ところで、参議等には、「東路の　佐野の舟橋かけてのみ　思ひわたるを　知る人のなき」という有名な歌があり、現在の群馬県高崎市に佐野の舟橋（写真右上）といわれる橋があり、上野の国の歌枕です。

佐野の舟橋

佐野の舟橋・著者撮影・2013年3月撮影

歌との関連度　　　☆
人との関連度　　　☆
行きやすさ　　　　☆☆
おすすめ度　　　　☆☆☆

アクセス　上信電鉄佐野のわたし駅徒歩約5分（撮影当時は未開業）、
またはJR高崎駅タクシー

第四十首

忍ぶれど　色に出でにけり　わが恋は
　　ものや思ふと　人の問ふまで

平兼盛（たいらのかねもり）

　隠していた私の恋心が、顔に出てしまった。物思いをしているのかと人が尋ねてくるほどに。

　兼盛のこの歌は、村上天皇御代の「天徳内裏歌合」で、次の四十一首目の壬生忠見（みぶのただみ）の歌と競いました。結果は、兼盛の勝利。ただし、判定者も優劣を付け難かったようですが、主催者の村上天皇が兼盛の歌を口ずさんでいたので、兼盛に軍配があがったという逸話が残っています。村上天皇の御代は平安文化の開花期ともいえる時期で、歌壇の庇護者（ひごしゃ）としても有名です。村上天皇の御陵は京都市右京区鳴滝（写真右上）にあります。

村上天皇御陵へのみち

村上天皇御陵への道・著者撮影・2015年10月撮影

歌との関連度　　☆☆
人との関連度　　☆☆
行きやすさ　　　☆☆
おすすめ度　　　☆☆

アクセス　京福電鉄宇多野駅下車徒歩約20分

第四十一首

恋すてふ　わが名はまだき　立ちにけり
　　人知れずこそ　思ひそめしか

壬生忠見（みぶのただみ）

　私が恋をしているといううわさが、人の間で立ってしまったよ。人知れず、密かに想いはじめたばかりだというのに。

　壬生忠見のこの歌は第四十番の兼盛との内裏歌合で、甲乙つけがたくも敗れてしまいましたが、後世には忠見の歌の方を評価する声も多いようです。壬生忠見は当時、摂津の国の下級役人でした。摂津の国の旧国府は、現在の大阪市中央区石町の北大江公園（写真右上）あたりとされています。

北大江公園(摂津国旧国府跡?)

北大江公園・著者撮影・2013年3月撮影

歌との関連度　　☆
人との関連度　　☆☆☆
行きやすさ　　　☆☆
おすすめ度　　　☆☆

アクセス　京阪天満橋駅徒歩約5分

第四十二首

契りきな　かたみに袖を　しぼりつつ
　　末の松山　浪こさじとは

きよはらもとすけ
清原元輔

　約束しましたよね。お互いに涙でぬれた着物の袖を絞りながら、末の松山を決して波が越えることがないように、私たちも決して心変わりしないと。

　この歌は、友人が、心変わりした女性に贈るための歌を代わりに詠んだものです。末の松山とは、869年の貞観の大津波でも波が越えなかったとされる歌枕で、現在の宮城県多賀城に、その「末の松山」とされる場所（写真右上）が残っています。清原元輔は清少納言の父で、歌才に優れており、後撰集の選者にも選ばれています。また、元輔は肥後の国司をつとめたことがあり、熊本駅近くに清原神社があります。

末の松山

末の松山・著者撮影・2012年6月撮影
(多賀市担当者から掲載に問題なしと口頭で連絡あり)

歌との関連度　　　☆☆☆
人との関連度　　　☆
行きやすさ　　　　☆☆
おすすめ度　　　　☆☆☆

アクセス　JR多賀城駅徒歩約10分

他に
清原神社
アクセス　ＪＲ熊本駅徒歩

第四十三首

逢ひみての　後の心に　くらぶれば
　　昔は物を　思はざりけり

権中納言敦忠（ごんちゅうなごんあつただ）

　あなたとお会いでして、一夜を共にした後の切ない気持ちに比べれば、それ以前のわたしは物思いなどしていなかったようなものだ。

　権中納言敦忠は、藤原敦忠のことで、父は菅原道真を讒言したために早死にしたといわれる左大臣時平で、生前敦忠自身も生前から自分が短命の家系であることを自覚していたようです。敦忠は比叡山の西麓、現在の赤山禅院（せきざんぜんいん）（写真右上）のあたりに別荘を持っていたといわれています。江戸時代につくられた修学院離宮の近くです。

赤山禅院

赤山禅院・著者撮影・2012年6月撮影
（赤山禅院様より書面にて掲載許可あり）

歌との関連度　　☆☆
人との関連度　　☆☆☆
行きやすさ　　　☆☆
おすすめ度　　　☆☆☆

アクセス　叡山電鉄修学院駅徒歩約20分、またはタクシー

第四十四首

逢ふことの　絶えてしなくは　なかなかに
　　人をも身をも　恨みざらまし

ちゅうなごんあさただ
中納言朝忠

　もしも逢うことがなかったならば、かえってあの人のことも自分のことも恨まなくてすむだろうな。

　中納言朝忠は藤原朝忠のことで、この歌は「天歴（天徳）内裏歌合」で「逢うて逢わざる恋（一度は結ばれたが、報われない恋）」という題名で詠まれたものです。朝忠の他の代表歌に、「くらはしの　山のかひより　春がすみ　年をつみてやたちわたるらむ（朝忠集）」があります。「くらはしの山」とは多武峰を指すともいわれています。多武峰から見える明日香の景色（写真右上）はとても美しいです。

多武峰から見える明日香

多武峰・著者撮影・2012年7月撮影

歌との関連度　　☆
人との関連度　　☆☆
行きやすさ　　　☆
おすすめ度　　　☆☆☆

アクセス　JRまたは近鉄桜井駅からバス約25分談山神社下車徒歩

第四十五首

あはれとも　いふべき人は　思ほえで
　　身のいたづらに　なりぬべきかな

謙徳公(けんとくこう)

　私のことをあわれだと思ってくれる人など思い浮かばないまま、わが身はむなしく死んでいくのでしょう。

　謙徳公とは藤原伊尹(ふじわらのこれまさ)のことで、摂政、太政大臣を歴任し栄華を誇りました。しかし、そんな伊尹でもこんなにも気弱に感じさせる歌を詠んだのです。奈良県桜井市の談山神社の権殿(ごんでん)（写真右上）は伊尹の創建とされています。

談山神社権殿

談山神社権殿・著者撮影・2012年7月撮影
（談山神社様より書面にて掲載許可あり）

歌との関連度 　　　☆
人との関連度 　　　☆☆☆
行きやすさ 　　　　☆☆
おすすめ度 　　　　☆☆☆

アクセス　JRまたは近鉄桜井駅からバス約25分、またはタクシー約17分

第四十六首

由良のとを　わたる舟人　かぢをたえ
　　ゆくへも知らぬ　恋の道かな

曾禰好忠(そねのよしただ)

　由良川の河口を渡る舟人が、梶をなくしあてもなく流されるように、わたしの恋のゆくえも、どうなるのか分からないなあ。

　曾禰好忠は丹後掾(たんごのじょう)（丹後の国の国庁の三等官）をつとめていました。由良川は丹後の国、今の宮津市から日本海に流れる川（写真右上）ですが、他にも紀伊の国の紀淡海峡という説もあります。奇行が多く、円融院が開いた歌会に呼ばれもしないのに、（出席者よりも）自分の歌のほうが優れていると参加を主張して、つまみ出されたという逸話が残っています。

丹後由良川河口

丹後由良川河口・著者撮影2012年6月撮影

歌との関連度 　　☆☆☆
人との関連度 　　☆
行きやすさ 　　　☆
おすすめ度 　　　☆☆☆

アクセス　京都タンゴ鉄道丹後由良駅徒歩約10分

他に
紀淡海峡
アクセス　ＪＲ加太駅

第四十七首

八重むぐら　しげれる宿の　さびしきに
　　人こそ見えね　秋は来にけり

恵慶法師（えぎょうほうし）

　幾重にも雑草が生い茂るこの屋敷に、訪ねてくる人影は見えないけれども、秋は変わらずにやってきたのだなあ。

　恵慶法師は播磨国の国分寺の講師（こうじ）（国分寺の僧官）と伝えられています。歌に詠まれたのは河原左大臣（源融）の豪邸、河原院のなれのはてといわれています。河原院は源融の死後、鴨川の氾濫や亡霊が出るといううわさなどで荒廃し、昔の面影を失っていました。五条大橋から南西方向（写真右上）でしょうか。現在は橋の近くに河原院跡があります。また、東本願寺飛び地の渉成園は河原院の旧蹟とも伝えられています。渉成園の中から、遠くに京都タワーが見えます。まるで、過去と現在が同居しているようです。

五条大橋からの旧河原院

五条大橋から見る河原院跡・著者撮影・2015年10月撮影

歌との関連度　　☆☆☆
人との関連度　　☆☆
行きやすさ　　　☆☆☆
おすすめ度　　　☆☆☆

アクセス　京阪清水五条徒歩約10分

他に
渉成園
アクセス　ＪＲ京都駅徒歩

第四十八首

風をいたみ　岩打つ波の　おのれのみ
　　くだけてものを　思ふころかな

みなもとのしげゆき
源重之

　風が強いので、岩を打つ波が砕けるように、わたしだけが心砕けて悩んでいるようだ。

　源重之は清和天皇の曾孫にあたります。長年地方官を歴任し、最後も陸奥の地で亡くなったとされています。日向に任官していたときに、この地にあった老松を詠みました。「しら浪の　よりくる糸を　遠にすげて　風にしらぶる　ことひきの松」という歌です。宮崎県高鍋市にゆかりの琴弾きの松（写真右上）があります。

琴弾きの松

琴弾きの松・著者撮影・2012年8月
(高鍋市様より口頭にて写真の掲載許可申請不要とのこと)

歌との関連度　　☆
人との関連度　　☆☆☆
行きやすさ　　　☆
おすすめ度　　　☆☆☆

アクセス　JR高鍋駅徒歩約10分

第四十九首

みかきもり　衛士のたく火の　夜は燃え
　　昼は消えつつ　ものをこそ思へ

大中臣能宣朝臣（おおなかとみのよしのぶあそん）

　御所の門を警護する衛士が焚くかがり火は、夜は燃え、昼は消えることを繰り返すように、わたしの心も夜には燃え、昼には消えるようにもの思いをしている。

　大中臣能宣は伊勢大輔の祖父です。万葉集の訓点打ちや、後撰集の編纂に当たりました。また神職の家柄でもあり、のちに伊勢神宮祭主となりました。御所には、南側の「建礼門（けんれいもん）」から時計回りに、西側には「宜秋門（ぎしゅうもん）」、「清所門（せいしょもん）」、「皇后門（こうごうもん）」、北側に「朔平門（さくへいもん）」、東側には「建春門（けんしゅんもん）」の順で、六つの門があります。写真右上は御所の前（丸太町通り）から東山方面を見た風景です。

丸太町通（御所前）から東山を望む

丸太町通り・著者撮影・2015年10月撮影

歌との関連度　　☆☆☆
人との関連度　　☆☆
行きやすさ　　　☆☆☆
おすすめ度　　　☆☆☆

アクセス　京都地下鉄丸太町下車すぐ

他に
伊勢神宮
アクセス　ＪＲ伊勢市駅

第五十首

君がため　惜しからざりし　命さえ
　　長くもがなと　思ひけるかな

藤原義孝（ふじわらのよしたか）

　あなたに逢うためなら死んでもいいと思っていましたが、あなたと逢えた今となっては、長く生きていたいと思うのですよ。

　藤原義孝は、謙徳公（藤原伊尹）の三男で、信仰心の深い性格で「大鏡」によると、夜中に御所を退出した折に、どこに行くのか（興味を持った者たちが、あとを）つけさせたところ義孝は世尊寺に向かい一心に法華経を唱えていたという逸話が残っています。ただ、世尊寺は義孝の子供の行成が桃園の地に建てたとされていますが、伊尹の時代にすでに御堂が置かれていたようで、成立年代については調べてみてもよく分かりませんでした。「大鏡」が過去の逸話を振り返って記述する形をとっているので、義孝の向かった世尊寺というのは、いわゆる後の世尊寺界隈ということでしょうか？現在の京都市の世尊寺のあたりには痕跡はありませんが、一条大宮の西北でしょうか。かつての義孝と同じように御所から、おおよその場所として五辻通り近く（写真右上）までを歩いてみました。ところで、義孝の願いは結局叶わず、わずか21歳で疱瘡によって命を失うのです。

一条大宮の西北(旧桃園?)

一条大宮の西北・著者撮影・2012年6月

歌との関連度　　　☆
人との関連度　　　☆☆☆
行きやすさ　　　　☆☆
おすすめ度　　　　☆☆
個人的思い入れ度　☆☆☆☆☆

アクセス　京都地下鉄今出川徒歩約15分、または市バス堀川今出川徒歩約3分

第五十一首

かくとだに　えはやいぶきの　さしも草
　　さしも知らじな　燃ゆるおもひを

藤原実方朝臣
（ふじわらのさねかたあそん）

　これほどまでに思い慕っていることさえ言えないので、私の恋が伊吹山のさしも草が燃えるように、激しく燃え上がっているなんてあなたは知らないでしょうね。

　藤原実方は貞信公（ていしんこう）の曾孫。殿上で藤原行成（ふじわらのゆきなり）と口論し、行成の冠をたたき落とした不祥事で陸奥に左遷され、当地で亡くなったともいいます。歌に詠まれている伊吹山（写真右上）は天気の良い日なら新幹線からもよく見えます。伊吹山を眺めるスポットは、JR近江長岡駅下車バスの三島池（巻頭カラー）が有名ですが、私が訪れた時は雪のため全景を拝むことができませんでした。

新幹線車窓からの伊吹山

伊吹山方面・著者撮影・2014年12月

歌との関連度　　☆☆☆
人との関連度　　☆
行きやすさ　　　☆☆☆
おすすめ度　　　☆☆

アクセス　　東海道新幹線岐阜羽島～米原間

第五十二首

明けぬれば　暮るるものとは　知りながら
　　なほ恨めしき　朝ぼらけかな

　　　　　　　　　　　　　藤原道信朝臣
　　　　　　　　　　　　（ふじわらのみちのぶあそん）

　夜が明けても、また暮れるものだと分かっていても、やはり夜明けが恨めしいことだなあ。

　藤原道信は、貞信公の孫で、若くして和歌の名手といわれていましたが、わずか二十三歳で天然痘でなくなっています。道信には有名な別の代表歌「あふみにか　ありといふなる　三稜草くる（みくり）　人くるしめの　筑摩江の沼（つくまえ）」も有名です。筑摩の地名は今も滋賀県米原市の琵琶湖のほとりに筑摩神社（写真右上）として残っており、奇祭として有名な鍋冠祭で有名です。神社から道を一本隔てたら琵琶湖です。

筑摩神社

筑摩神社・著者撮影・2014年12月
(筑摩神社様より書面にて写真の掲載許可あり)

歌との関連度　　☆☆☆
人との関連度　　☆
行きやすさ　　　☆☆
おすすめ度　　　☆☆☆

アクセス　JR米原駅タクシー約5分

第五十三首

嘆きつつ　ひとり寝る夜の　明くる間は
　　いかに久しき　ものとかは知る

右大将道綱母（うだいしょうみちつなのはは）

　あなたが来てくれなくて、嘆きつつ一人夜が明けるまでの時間がどれほど長いかご存知でしょうか。きっとご存じないのでしょう。

　右大将道綱母はのちに摂政、関白に上りつめる藤原兼家の夫人の一人です。当時の通い婚の習慣で、兼家が来てくれない夜を嘆く歌です。有名な「蜻蛉（かげろう）日記」の作者です。さて、兼家の邸宅というのは東三条院と呼ばれ、今は京都市烏丸御池近く、押小路釜座に石碑（写真右上）が残っていますが、石碑以外には当時をしのばせるものはありません。

押小路釜座に石碑

東三条院跡・著者撮影・2015年1月

歌との関連度 　　☆☆☆
人との関連度 　　☆☆☆
行きやすさ 　　　☆☆☆
おすすめ度 　　　☆☆

京都地下鉄烏丸御池駅徒歩約10分

第五十四首

忘れじの　ゆく末までは　かたければ
　　今日をかぎりの　命ともがな

儀同三司母（ぎどうさんしのはは）

　「忘れない」とあなたは言いますが、遠い将来までそれを信じることは難しいので、いっそ幸せな今日を限りに死んでしまいたいものです。

　儀同三司母とは関白藤原道隆（みちたか）の夫人で、儀同三司（伊周（これちか））と定子（ていし）（一条天皇后）の母で、幸せな日々を送っていましたが、道隆の死後は伊周が政敵の道長に敗れて、家が没落し、不遇の余生を過ごしました。その史実を知ったうえでこの歌を鑑賞すると、なおいっそう作者の心が伝わってくるようです。ところで、平安時代を中心に政治、文化に大きくかかわった道隆を含めた藤原氏の陵墓群は、京都市宇治市木幡にあります。どの陵墓が誰のものなのかはわかっていないものも多いようです。写真右上は陵墓群につながる小道です。

宇治陵をつなぐ道

宇治陵をつなぐ道・著者撮影・2015年1月

歌との関連度　　☆
人との関連度　　☆☆☆
行きやすさ　　　☆☆
おすすめ度　　　☆☆

アクセス　　ＪＲ木幡駅徒歩約10分

第五十五首

滝の音は　たえて久しく　なりぬれど
　　名こそ　流れて　なほ聞こえけれ

だいなごんきんとう
大納言公任

　滝の音が絶えて長い年月が経ってしまったが、滝の評判は伝わって、今でもきこえてくるんだなあ。

　大納言公任とは藤原公任のことで、和歌、管弦、漢詩のいずれにも優れており、三舟の才と呼ばれていました。歌は、かつて嵯峨天皇の離宮があった大覚寺の有名な滝が枯れているのをみて公任が詠んだものです。その滝跡は名古曾の滝跡（写真右上）として知られるようになりました。

名古曾の滝跡

大覚寺境内名古曾の滝跡・著者撮影・2012年3月
（大覚寺様より書面にて写真の掲載許可あり）

歌との関連度　　☆☆☆
人との関連度　　☆☆☆
行きやすさ　　　☆☆
おすすめ度　　　☆☆☆

アクセス　ＪＲ京都駅からバスで大覚寺すぐ

第五十六首

あらざらむ　この世のほかの　思ひ出に
　　今ひとたびの　逢うこともがな

和泉式部（いずみのしきぶ）

　わたしはもうすぐ死んでしまうだろう。この世の思い出に、今ひとたびあなたに逢いたいのです。

　和泉式部は恋多き女性で、和泉守橘道貞と離縁してからも、為尊親王や敦道親王（ためやすしんのう　あつみちしんのう）と恋愛関係になり、藤原保昌と再婚しました。歌人としても有名で、藤原道長から「浮かれ女」などと呼ばれたりもしましたが、中宮彰子のもとに出仕しました。京都市新京極通りの繁華街の一角に和泉式部ゆかりの誠心院（写真右上）があります。辺りは観光客、修学旅行生などでとてもにぎわっており、そんな商店街に違和感なく建っています。阪急河原町や地下鉄四条河原町からゆっくり歩いていくのがいいでしょう。

誠心院

誠心院・著者撮影・2014年8月
（誠心院様より書面にて写真の掲載許可あり）

歌との関連度　　☆
人との関連度　　☆☆☆
行きやすさ　　　☆☆☆
おすすめ度　　　☆☆☆

アクセス　京阪三条駅または祇園四条駅徒歩約8分、阪急河原町駅徒歩約8分、京都地下鉄市役所前駅徒歩約10分

第五十七首

めぐり逢ひて　見しやそれとも　わかぬまに
　　雲がくれにし　夜半(やは)の月かな

紫式部(むらさきしきぶ)

　めぐり逢って見たのが、あなたかどうかわからないうちに、あなたはいなくなってしまった。すぐに雲隠れした夜半の月のように。

　これは、久しぶりに再会した幼友達との別れを惜しんだ歌です。紫式部は源氏物語の作者として有名で、中宮彰子に仕えました。廬山寺（写真右上）で源氏物語を執筆したとも伝えられています。また、墓は北大路通南、堀川通西の島津製作所近くに小野篁の墓と並んでいます。

廬山寺

廬山寺・著者撮影・2014年8月
（廬山寺様より書面にて写真の掲載許可あり）

歌との関連度　　☆☆
人との関連度　　☆☆☆
行きやすさ　　　☆☆
おすすめ度　　　☆☆☆

アクセス　京阪出町柳駅徒歩約15分、または市バス府立病院前下車

第五十八首

有馬山　猪名の笹原　風吹けば
　　いでそよ人を　忘れやはする

大弐三位（だいにのさんみ）

　有馬山のふもとにある猪名の笹原に風が吹くと、笹がそよそよと鳴りますが、そうですよ、そのように私はあなたを忘れたりしません。

　大弐三位は紫式部の娘で、母とともに中宮彰子に仕え、のちには後冷泉天皇の乳母をつとめました。有馬山は現在の兵庫県神戸市にある山で、猪名の笹原とは兵庫県尼崎市猪名川町あたりと思われ、兵庫県伊丹市の大企業、（株）東リ様（写真右上）の敷地にその名残を残しています。

（株）東リ

（株）東リ本社前・著者撮影・2015年1月
（（株）東リ様より書面にて写真の掲載許可あり）

歌との関連度　　☆☆☆
人との関連度　　☆
行きやすさ　　　☆☆
おすすめ度　　　☆☆☆

アクセス　阪急伊丹線新伊丹駅より徒歩約15分

第五十九首

やすはらで　寝なましものを　さ夜更けて
　　かたぶくまでの　月を見しかな

赤染衛門(あかぞめえもん)

　あなたが来ないと分かっていたなら、さっさと寝てしまったものを、あなたが来ると信じていたので、夜明けの月が西に傾くまで見てしまいました。

　赤染衛門も中宮彰子につかえた女流歌人で、のちに儒学者で歌人の大江匡衡(おおえのまさひら)と結婚しました。のちに関白になる藤原道隆に来訪の約束をすっぽかされた妹（あるいは姉？）の代わりに詠んだ歌です。逸話として、息子の和泉守大江挙周(たかちか)が重病になった折、住吉明神で息子の治癒を祈願したことが今昔物語などで知られています。住吉明神とは住吉大社（写真右上）のことでしょうか。

住吉大社

住吉大社・著者撮影・2012年8月
（住吉大社様より書面にて写真の掲載許可あり）

歌との関連度　　　☆
人との関連度　　　☆☆☆
行きやすさ　　　　☆☆☆
おすすめ度　　　　☆☆☆

アクセス　南海本線住吉大社駅から東へ徒歩3分　または阪堺線住吉鳥居前駅から徒歩すぐ

第六十首

大江山　いく野の道の　遠ければ
　　まだふみもせず　天の橋立

小式部内侍(こしきぶのないし)

　大江山を越えて生野を通って行く道も遠いので、丹後の天の橋立へは行ったことがないし、そこに住む母からの文も読んでいません。

　小式部内侍は和泉式部の娘で、母とともに中宮彰子に仕えました。この歌は、歌合いに招かれた小式部内侍に対して、藤原定頼(さだより)が「母親の和泉式部に代作を頼んでいるでしょう？」とからかったことに対する即興の返しとされており、掛詞を巧みに使って見事な歌を詠むことで代作疑惑をはらしました。天の橋立（写真右上）は日本三大名勝のひとつです。北京都タンゴ鉄道の駅前にはこの歌の歌碑があります。天の橋立の全景を見るなら、徒歩五分＋リフトで天の橋立ビューランドに登ってみましょう。ところで、大江山とは、現在丹後地方にある大江山（鬼退治伝説で有名）や京都市西京区の大枝山という説があります。

天の橋立

天の橋立・著者撮影・2012年6月
(天橋立観光協会様より書面にて許諾不要と連絡あり)

歌との関連度　　☆☆☆
人との関連度　　☆
行きやすさ　　　☆☆
おすすめ度　　　☆☆☆

アクセス　京都タンゴ鉄道天橋立駅徒歩約5分

他に
大江山
アクセス　京都北部車で

第六十一首

いにしへの　奈良の都の　八重桜
　　けふ九重に　にほひぬるかな

伊勢大輔（いせのたいふ）

　昔の都である奈良の八重桜が、今日は京の都の宮中で美しく咲き誇っています。

　伊勢祭主大中臣輔親（おおなかとみのすけちか）の娘。大中臣能宣（おおなかとみのよしのぶ）の孫。中宮彰子に仕えました。この歌は一条帝の御代に奈良の寺院から送られた八重桜を受け取る役目となった大輔が詠みました。ゆかりの八重桜を引き継いだ若い樹（巻頭カラー）が、奈良正倉院北の知足院（写真右上）の近くに植えられています。

知足院への道

知足院への道・著者撮影・2015年1月
（管轄している東大寺様より書面にて写真の掲載許可あり・許可書番号東庶写第12388号）

歌との関連度　　☆☆☆
人との関連度　　☆
行きやすさ　　　☆☆
おすすめ度　　　☆☆☆

アクセス　市内循環バスで大仏殿春日大社前下車徒歩約20分、遠いのでタクシーでも

第六十二首

夜をこめて　鳥のそら音は　はかるとも
　　よに逢坂の　関はゆるさじ

清少納言(せいしょうなごん)

　（中国の故事にあるように）鶏の鳴きまねで、わたしをだまそうとしても、函谷関の関守ならともかく、逢坂の関はそんなことを許しません。（あなたには逢いません。）

　この歌を理解するには、深い教養が要ります。中国古代、斉の孟嘗君（食客を多数養っていたことで有名）が秦から斉へ逃げ帰る際に、部下に鶏の鳴き声をまねさせて門を開けさせるのに成功した故事に由来します。藤原行成(ゆきなり)（藤原義孝の子、三蹟の一人）と話しこんだ次の日、「鳥の声に急き立てられて、帰ってしまったけど、もう少しあなたと話がしたかった。」という文が来ました。清少納言は「いと夜ふかく侍りける鶏の声は、孟嘗君にや。」と返しました。すると、行成からさらに「二人の関係は函谷関ではなく、逢坂の関（写真右上）です。」と寄越しました。逢坂の関は男女の逢う、すなわち二人の仲を男女の仲であるとした多少ふざけてみた返事です。そこで、清少納言がぴしゃりと詠んだのが、この歌でした。清少納言はのちに誓願寺で髪をおろし、仏門に入ったといわれています。

＊三蹟・・・平安中期の三人の能書家、他に小野道風、藤原佐理

逢坂の関

逢坂の関・著者撮影・2012年6月
（大津市観光振興課様より掲載に問題なしとの回答あり）

歌との関連度　　☆☆☆
人との関連度　　☆
行きやすさ　　　☆☆
おすすめ度　　　☆☆☆

アクセス　京阪電鉄大谷駅下車 徒歩すぐ

他に
誓願寺
アクセス　京阪三条駅徒歩、または京都地下鉄市役所駅徒歩

第六十三首

今はただ　思ひ絶えなむ　とばかりを
　　人づてならで　言ふよしもがな

左京太夫通雅
（さきょうだゆうみちまさ）

　今はただ、あなたのことを忘れると、その一言だけでも、人づてではなく、あなたに直接伝える方法がほしい。

　左京太夫通雅は藤原通雅（ふじわらのみちまさ）のことで、関白藤原道隆の孫です。父、伊周（これちか）が道長との政争に敗れて家が没落していく中で成長しました。この歌は伊勢の斎王をつとめた三条天皇の娘、当子内親王（まさこないしんのう）との密通が露見し、三条天皇（退位して三条院）の怒りをかい、親王と会うことができなくなったことを詠んだものです。その後、親王は落飾し、わずか二十三歳で亡くなったといいます。また、通雅の方も荒んだ生活を送り、荒三位（あらさんみ）などと呼ばれ不遇の生涯を過ごしました。伊勢の斎王は伊勢神宮に奉職する未婚の皇女で、伊勢に旅立つ前には京の野々宮で生活します。嵐山の野宮神社にその言い伝えが残ります。近くには観光地が多く、嵯峨野の竹林（写真右上）も有名です。

嵯峨野の小道

嵯峨野の小道・著者撮影・2015年1月

歌との関連度　　☆☆
人との関連度　　☆
行きやすさ　　　☆☆
おすすめ度　　　☆☆☆

アクセス　京福電鉄嵐山駅、ＪＲ嵯峨嵐山駅徒歩約10分

他に
伊勢神宮
アクセス　ＪＲ伊勢市駅

第六十四首

朝ぼらけ　宇治の川霧(かはぎり)　たえだえに
　　あらはれ渡る　瀬々の網代木(あじろぎ)

権中納言定頼(ごんちゅうなごんさだより)

　夜が明ける前、宇治川に立ちこめた川霧が、切れ切れに晴れてきて、川瀬の網代木が次第にあらわれてくるよ。

　権中納言定頼は藤原定頼のことで、大納言公任の子です。第六十首における小式部内侍とのやりとりは有名です。現在の宇治において、あじろぎの道とは、北は平等院堤から宇治川（写真右上）の左岸に沿って観光センターの前を通り、塔の島入口の喜撰橋前にいたる道のことで、北の堤から左岸に行く分岐点と喜撰橋前に碑が立っています。右岸の「さわらびの道」、左岸の「あじろぎの道」は、ともに平成3年「源氏物語散策の道」の事業によって整備されました。

宇治川

宇治川・著者撮影・2015年1月

歌との関連度　　☆☆☆
人との関連度　　☆
行きやすさ　　　☆☆
おすすめ度　　　☆☆☆

アクセス　JRまたは京阪宇治駅徒歩約10分

第六十五首

恨みわび　ほさぬ袖だに　あるものを
　　恋に朽ちなむ　名こそおしけれ

相模(さがみ)

　恨んだり嘆いたり、涙にくれて乾く暇もない袖が朽ちてしまうのが残念なのに、恋のためにつまらぬ噂が立って私の名誉が朽ちてしまうのが惜しい。

　相模とは、源頼光の娘ともいわれており、相模守大江公資(おおえのきんより)の妻でした。相模に下向した折に、箱根権現に百首奉納をしたことで知られています。相模の国府跡（写真右上）は現在の平塚市の幹線道路上にあたりますが、何度か移転したようです。のちに、公資と離婚し、一条天皇の第一皇女の脩子(しゅうし)内親王(ないしんのう)に仕えました。

相模国府跡

相模国府跡・著者撮影・2014年12月

歌との関連度　　　☆
人との関連度　　　☆☆☆
行きやすさ　　　　☆☆
おすすめ度　　　　☆☆

アクセス　JR平塚駅バス泉蔵院前約5分

他に
箱根権現
アクセス　ＪＲ小田原駅バス

第六十六首

もろともに　あはれと思へ　山桜
　　花よりほかに　知る人もなし

前大僧正行尊（さきのだいそうじょうぎょうそん）

　山桜よ、お互いにあはれと思い合おう。私にはお前以外に分かりあえる相手はいないのだから。

　前大僧正行尊は三条天皇の曾孫にあたりますが、十歳で父・源　基平（みなもとのもとひら）を失い、十二歳で出家し、園城寺（写真右上）で修行生活に入りました。その後各地で修験道に励み、大峰山で見つけた山桜を詠んだ歌です。のちに僧としての最高位、天台座主・大僧正に上りつめます。園城寺仁王門北の円満院に歌碑があります。

園城寺（三井寺）

園城寺・著者撮影・2014年12月
（園城寺様から書面にて掲載許可あり）

歌との関連度　　☆
人との関連度　　☆☆☆
行きやすさ　　　☆☆
おすすめ度　　　☆☆☆

アクセス　京阪電鉄三井寺駅下車 徒歩約10分

第六十七首

春の夜の　夢ばかりなる　手枕に
　　かひなく立たむ　名こそ惜しけれ

周防内侍（すおうないし）

　春の夜のはかない夢のように、ほんの少しあなたの腕を枕にしたために、つまらない噂が立つことが口惜しく思われます。

　周防内侍は周防守 平 棟仲（たいらのむねなか）の娘。後冷泉、後三条、白河、堀河の四代の天皇に仕えました。旧暦二月の月の明るい夜に、二条院で人々が楽しく語り合っているときに、周防内侍が、疲れて身を横たえて、「枕がほしいものです。」と言ったところ、大納言藤原忠家（藤原定家の曽祖父）が自分の腕を手枕にどうぞと御簾の下から差し出しました。手枕をするということは、深い関係になるということなので、忠家がからかったのです。それに対して詠まれた歌で、上品に誘いをかわした内容です。二条院とは二条通りに面した邸宅をいいますが、この当時においては藤原教通（のりみち）が住んでいた邸宅という説があります。そうすると二条東洞院（ひがしのとういん）通り（写真右上）辺りということでしょうか。

二条院跡？

二条院跡？・著者撮影・2015年1月

歌との関連度　　☆☆☆
人との関連度　　☆☆
行きやすさ　　　☆☆
おすすめ度　　　☆☆

アクセス　京都地下鉄烏丸御池駅下車 徒歩約5分

第六十八首

心にも　あらでうき世に　ながらえば
　　恋しかるべき　夜半の月かな

三条院(さんじょういん)

　不本意だが、このつらい世を生きながらえたならば、きっと恋しく思い出すであろう、この夜の月のことを。

　三条天皇は眼病や藤原道長の政治的圧力によって退位を迫られ、在位五年で道長の孫である後一条天皇に譲位しました。また、退位後も娘の当子内親王と藤原通雅のことでお悩みになるなど、失意の中で過ごされたようです。その陵墓・北山御陵(みささぎ)は現在の京都市北区・金閣寺から徒歩圏内、左大文字山(写真右上)のふもとにあります。

左大文字

左大文字・著者撮影・2015年1月

歌との関連度　　☆☆☆
人との関連度　　☆☆
行きやすさ　　　☆☆
おすすめ度　　　☆☆

アクセス　京都各会社バス　金閣寺下車 徒歩約5分

第六十九首

あらし吹く　三室の山の　もみぢ葉は
　　龍田の川の　錦なりけり

能因法師（のういんほうし）

　嵐が吹く三室の山から竜田川に散った紅葉の葉は、錦の織物のようであるなあ。

　能因法師は俗名・橘 永愷（たちばなのながやす）といい、二十六歳で出家し、全国の歌枕を巡る漂泊の歌人になりました。三室の山は奈良県の斑鳩町の神南備山のことという説があり、竜田川（写真右上）は、斑鳩町を流れる紅葉で有名な川で、大和川に合流します。ただし、当時の竜田川は現在の大和川らしいです。能因法師の墓は大阪府高槻市の伊勢寺近く（第十九首参照）にあります。

竜田川

竜田川・著者撮影・2012年7月

歌との関連度　　☆☆☆
人との関連度　　☆☆
行きやすさ　　　☆☆
おすすめ度　　　☆☆

アクセス　ＪＲ王寺駅バス竜田大橋下車徒歩約3分

第七十首

さびしさに　宿を立ち出でて　ながむれば
　　いづこも同じ　秋の夕暮

良暹法師（りょうせんほうし）

　寂しさに耐えかねて、家を飛び出してみたけれど、あたりを見渡すと、どこも同じようにさびしい秋の夕暮だなあ。

　良暹法師は比叡山の僧侶で祇園別当をつとめ、大原に移り住んだ頃に詠んだ歌です。晩年は雲林院（写真右上）に隠棲したといわれます。

雲林院

雲林院・著者撮影・2012年6月
（雲林院様より書面にて写真の掲載許可あり）

歌との関連度　　　☆
人との関連度　　　☆☆☆
行きやすさ　　　　☆☆
おすすめ度　　　　☆☆☆

アクセス　　ＪＲ京都駅バスで大徳寺下車 徒歩約10分

第七十一首

夕されば　門田の稲葉　おとづれて
　　蘆(あし)のまろやに　秋風ぞ吹く

大納言経信(だいなごんつねのぶ)

　夕方になると、門前の田んぼの稲の葉の音を立てて、蘆葺きの小屋に秋風が吹くことだなあ。

　大納言経信は源経信のことで、和歌、管弦、漢詩にすぐれ藤原公任と同じく、三舟の才と称賛されていました。この歌は源 師賢(みなもとのもろかた)の梅津の山荘で詠まれました。現在の京都市右京区梅津に山荘は残っていませんが、付近の旧跡としては梅宮大社（写真右上）があり、安産の神、酒造の神として有名であす。かつて、私はすぐ近くの松尾に住んでいました。また、橘諸兄（万葉集の編纂の初期にかかわる？）ゆかりの神社であり、個人的に特別な思い入れのあるスポットです。

梅宮大社

梅宮大社・著者撮影・2012年6月
(梅宮大社様より書面にて写真の掲載許可あり)

歌との関連度 　　☆☆
人との関連度 　　☆☆☆
行きやすさ 　　　☆☆
おすすめ度 　　　☆☆☆

アクセス　阪急松尾駅下車 徒歩約10分

第七十二首

音に聞く　高師の浜の　あだ波は
　　かけじや袖の　ぬれもこそすれ

祐子内親王家紀伊（ゆうしないしんのうけきい）

　噂に高い高師の浜のいたずらに寄せる波にはかかりません。袖がぬれると大変ですから。（浮名を流すあなたのことは気にかけません。涙で袖を濡らすことになりますから。）

　祐子内親王家紀伊は後朱雀（こすざく）天皇の皇女、祐子内親王に仕え、兄の平重経（たいらしげつね）が紀伊守だったので、紀伊と呼ばれました。この歌は堀河院の歌合せで詠まれました。当時、紀伊は七十代とされていますが、贈答歌を模したなかで歌われたようです。高師浜とは現在の堺市浜寺（写真右上）から高石市にわたる海岸のことです。高石市の高石神社に歌碑があります。

堺市浜寺

浜寺公園・著者撮影・2015年1月

歌との関連度　　☆☆☆
人との関連度　　☆
行きやすさ　　　☆☆
おすすめ度　　　☆☆☆

アクセス　南海本線浜寺公園駅すぐ、阪堺電鉄浜寺駅すぐ

他に
高石神社
アクセス　南海高師浜駅徒歩

第七十三首

高砂の　尾の上の桜　咲きにけり

　　外山の霞　立たずもあらなむ

権中納言匡房（ごんちゅうなごんまさふさ）

　遠くの山の峰の桜が咲いている。あの桜が見えなくなると困るから、近くの山の霞よ、どうか今は立たないでくれ。

　権中納言匡房は大江匡房のことで、漢文博士の家柄に生まれました。赤染衛門の曾孫です。関白藤原頼通から宇治平等院（写真右上）建立の折に、（門が北側になることに対して）古今に例があるかと問われて、すらすらと答えたとの逸話が残っています。また、源義家に対して兵法を教え、それが後三年の役の戦いに役立ったという話も伝わっています。

宇治平等院

平等院入口・著者撮影・2015年1月
(平等院様より書面にて、「庭園外かつ私的に限りなく近い使用であり、写真の掲載において正式な手続き不要」との連絡あり)

歌との関連度　　☆
人との関連度　　☆☆☆
行きやすさ　　　☆☆
おすすめ度　　　☆☆☆

アクセス　JRまたは京阪宇治駅徒歩約10分

第七十四首

憂かりける　人を初瀬の　山おろしよ
　　はげしかれとは　祈らぬものを

源　俊頼朝臣（みなもとのとしより あそん）

　つれない人が私に向くように初瀬の観音様に祈ったが、初瀬の山おろしの風よ、さらにわたしに厳しくなれとは祈らなかったのに。

　この歌は、藤原俊忠（定家の祖父）の家で、「祈れども、逢わざる恋といへる心をよめる」という題で詠まれています。初瀬とは現在の奈良県桜井市の地名で、紀貫之の歌にも出てきますが、長谷寺（写真右上）は観音信仰、特に恋愛成就のために賑わいを見せたといいます。俊頼は歌合せの判者や「金葉集」の選者として知られ、歌論書「俊頼髄脳」を記したことでも有名です。

長谷寺

長谷寺・著者撮影・2012年8月
(長谷寺様より書面にて掲載許可あり)

歌との関連度 　　☆☆☆
人との関連度 　　☆☆
行きやすさ 　　　☆☆
おすすめ度 　　　☆☆☆

アクセス　近鉄長谷寺駅徒歩約15分

第七十五首

契りおきし　させもが露を　命にて
　　あはれ今年の　秋もいぬめり

藤原基俊（ふじわらのもととし）

　約束してくださったことを、よもぎの葉に浮かんだ露のような言葉として、命とも頼りにしていましたが、今年の秋もむなしく過ぎ去っていきます。

　この歌は基俊が、興福寺の僧である息子の光覚が年に一度の「維摩会（ゆいまえ）」の講師になれるように時の権力者藤原忠通に頼んだところ、期待を持たせるような言葉をもらったにもかかわらず、選ばれなかったことに対する恨み節です。興福寺（写真右上）は現在の奈良市中心にあり、藤原家の菩提寺でした。

興福寺

興福寺・著者撮影・2015年1月
（興福寺様より書面にて写真の掲載許可あり）

歌との関連度　　☆☆☆
人との関連度　　☆☆☆
行きやすさ　　　☆☆☆
おすすめ度　　　☆☆☆

アクセス　近鉄奈良駅徒歩約5分

第七十六首

わたの原　漕ぎ出でてみれば　久方の
　　　雲居(くもい)にまがふ　沖つ白波
　　　　　　　　　　　　法性寺入道前関白太政大臣(ほっしょうじにゅうどうさきのかんぱくだじょうだいじん)

　大海原に船を漕ぎ出して見渡すと、雲と見間違えるような沖の白波がたっている。

　法性寺前関白太政大臣とは藤原忠通のことで、藤原氏の氏の長者として、摂政、関白、太政大臣を歴任しました。この歌は、崇徳上皇の内裏歌合せの折に詠まれたものですが、のちに保元の乱では崇徳上皇側と敵対し、勝利者となりました。法性寺とは、忠通が出家して隠居した寺で、現在の京都市東福寺近くに残っていますが、当時の寺領ははるかに広大であったようです。また、このあたり（写真右上）の法性寺通り、大和大路、鳥羽街道等については時代とともに重複、名称変更などで、どうにも分かりにくいです。

法性寺周辺

法性寺周辺・著者撮影・2015年11月

歌との関連度　　☆
人との関連度　　☆☆☆
行きやすさ　　　☆☆
おすすめ度　　　☆☆

アクセス　ＪＲ東福寺徒歩すぐ

第七十七首

瀬を早み　岩にせかるる　滝川の
　　割れても末に　逢はむとぞ思ふ

崇徳院（すとくいん）

　浅瀬の流れが速いので、岩にせき止められた急流が二つに分かれてもまた合わさるように、あなたと別れても、行く末には再びまた逢おうと思う。

　崇徳院は第七十五代天皇で、鳥羽天皇の第一皇子でしたが、曽祖父の白河院と、待賢門院との不義の子ではないかと父に疎まれ、不遇の日々を過ごし、父の死後は弟の後白河天皇と皇位継承をめぐって対立し、保元の乱に発展しました。そして敗者となった崇徳院は讃岐に流されました。現在の香川県坂出市の雲井御陵（写真右上）で流人生活を送ったといわれています。

雲井御所

雲井御所・著者撮影・2015年1月
（坂出市様より口頭にて写真の掲載に問題なしとのこと）

歌との関連度　　☆
人との関連度　　☆☆☆
行きやすさ　　　☆☆
おすすめ度　　　☆☆☆

アクセス　　ＪＲ坂出駅タクシー約10分

第七十八首

淡路島　かよふ千鳥の　鳴く声を
　　幾夜ねざめぬ　須磨の関守

源　兼昌（みなもとのかねまさ）

　淡路島から通ってくる千鳥の鳴き声に、幾夜目を覚ましたであろうか、須磨の関守は。

　この歌は、源氏物語で有名な須磨の地で詠まれたものです。しかし、兼昌が詠んだ頃の須磨はすっかりさびれており、須磨の関守（関所の番人）もすでにいなくなっていました。現在の神戸市須磨区の関守稲荷神社（写真右上）が当時の名を伝えており、近くには須磨海岸もあります。JR須磨駅から徒歩圏内です。

関守稲荷神社

関守稲荷神社・著者撮影・2015年1月
（関守稲荷神社様より書面にて写真の掲載許可あり）

歌との関連度　　☆☆☆
人との関連度　　☆☆
行きやすさ　　　☆☆
おすすめ度　　　☆☆☆

アクセス　ＪＲ須磨駅徒歩約8分

他に
須磨海岸　ＪＲ須磨駅すぐ

第七十九首

秋風に　たなびく雲の　絶え間より
　　もれ出づる月の　影のさやけさ

さきょうだゆうあきすけ
左京太夫顕輔

　秋風にたなびく雲の隙間からもれ出る月の光の、なんと清らかで明るいことだろうか。

　左京太夫顕輔とは藤原顕輔のことで、父の顕季から始まる保守的な歌風で知られる和歌の流派で、京都の烏丸六条（写真右上・巻頭カラー）に邸宅があったことから六条家といわれていました。地下鉄五条下車徒歩南へすぐですが、当時の名残はありません。

烏丸六条から京都駅方面

烏丸六条・著者撮影・2014年12月

歌との関連度　　☆
人との関連度　　☆☆☆
行きやすさ　　　☆☆
おすすめ度　　　☆☆

アクセス　京都地下鉄五条徒歩約5分

第八十首

長からむ　心も知らず　黒髪の
　　乱れて今朝は　物をこそ思へ

待賢門院堀河（たいけんもんいんのほりかわ）

　あなたの心が末永く変わらないかわからないので、私の心は、今朝もこの黒髪のように乱れて物思いにふけっています。

　待賢門院堀河とは　源 顕仲（みなもとのあきなか）の娘で、崇徳院と後白河天皇の母の待賢門院につかえていましたが、歌人としても有名です。待賢門院が出家、落飾し蓮の花で有名な法金剛寺（写真右上）に入った折に、ともに仏門に入り、近くの仁和寺に住んだといわれています。蓮の名所として有名な法金剛院に歌碑があります。

法金剛寺

法金剛寺・著者撮影・2015年1月
（法金剛寺様より書面にて写真の掲載許可あり）

歌との関連度　　　☆
人との関連度　　　☆☆☆
行きやすさ　　　　☆☆☆
おすすめ度　　　　☆☆☆

アクセス　ＪＲ花園駅徒歩約5分

他に
仁和寺
アクセス　京福御室仁和寺駅徒歩（ＪＲ花園駅からも徒歩圏内）

第八十一首

ほととぎす　鳴きつる方を　ながむれば
　　ただ有明の月ぞ　残れる

　　　　　　　　　　　　　　後徳大寺左大臣

　ほととぎすが鳴いた方を眺めると、そこにはもう姿が見えずに、ただ有明の月だけが残っているよ。

　後徳大寺左大臣とは藤原実定のことで、定家の従兄弟に当たります。平安末期から鎌倉初期に政治家として幕府と朝廷との関係に腐心したようです。歌人としても活躍しました。竜安寺（写真右上）は徳大寺家の別荘の跡地です。石庭として知られる枯山水の方丈庭園で有名です。

竜安寺

龍安寺・著者撮影・2015年1月
（竜安寺様より書面にて写真の掲載許可あり）

歌との関連度　　☆
人との関連度　　☆☆☆
行きやすさ　　　☆☆
おすすめ度　　　☆☆☆

アクセス　京福電鉄竜安寺道駅徒歩約10分

第八十二首

思ひわび　さても命は　あるものを
　　憂きにたへぬは　涙なりけり

道因法師（どういんほうし）

　恋に思い悩んで、それでもどうにか生きながらえてはいますが、つらいことに耐えられず涙はこぼれてきますよ。

　俗名は藤原敦頼（あつより）といい、和歌に対する思いは相当なものだったようで、ある歌合いで負けの判定をくだされたあとに判者の屋敷を訪ねて泣きながら恨み言を繰り返しました。また、和歌が上達するように七十を越えてから住吉明神に月詣でをしました。晩年は比叡山（写真右上）に住み、九十代まで生きました。また、藤原俊成（定家の父）が選者としてかかわった「千載集」に本人の死後に十八首が採られたことのお礼を言うために俊成の夢に出てきたといいます。俊成はそこでさらに二首追加で採用しました。

比叡山

比叡山(ただし写真は京都タワーから)・著者撮影・2015年11月

歌との関連度　　☆
人との関連度　　☆☆☆
行きやすさ　　　☆
おすすめ度　　　☆☆☆

アクセス　京阪坂本駅タクシーでケーブル坂本駅　坂本ケーブルで
ケーブル比叡山下車

第八十三首

世の中よ　道こそなけれ　思ひ入る
　　山の奥にも　鹿ぞ鳴くなる

皇太后宮大夫俊成（こうたいごうぐうのだいふしゅんぜい）

　世の中には逃れる道などないのだなあ。思いあまって山奥に入ってきたけれども鹿が悲しげに鳴いている。

　皇太后宮大夫俊成は藤原俊成のことで、定家の父、和歌の家柄、御子左家（みこひだりけ）の創始者です。この歌は俊成が二十代に詠んだ歌ですが、その頃は西行をはじめとした知人の出家が相次ぎ、また源平争乱期にはいり、厭世観を胸に秘めていたのかもしれません。結局俊成は七十代で出家しました。京都市下京区俊成町には俊成をまつる俊成社があり、近くの玉津島町には、自身の邸宅に造営したと伝わる新玉津島神社（写真右上）があります。

新玉津島神社

新玉津島神社・著者撮影・2014年11月
（管理されている下京区京菓子司末富様から書面で掲載許可あり）

歌との関連度　　　☆
人との関連度　　　☆☆☆
行きやすさ　　　　☆☆
おすすめ度　　　　☆☆☆
個人的思い入れ度　☆☆☆☆☆☆

アクセス　京都地下鉄五条徒歩約5分

他に俊成社
アクセス　京都地下鉄五条徒歩

第八十四首

ながらへば　またこのごろや　しのばれむ
　　憂しと見し世ぞ　今は恋しき

藤原清輔朝臣（ふじわらきよすけあそん）

　これから先も生き永らえたならば、つらい今のことも懐かしく思い出されるのだろうか。つらかった昔のことが今は懐かしく思われるのだから。

　藤原清輔は顕輔の子で、歌道の六条家の三代目です。本人の生涯を知ったうえでこの歌を鑑賞すると、ことのほか歌の内容に感じ入ってしまいます。名門の跡取りでありながら、父顕輔と不仲で、父の選んだ「詞花和歌集」には清輔の歌は一首も採用されませんでした。また、自身が二条天皇から受けた勅命によって編纂した「続詞花和歌集」は二条天皇の崩御によって勅撰集（天皇や上皇の命によって編纂された公式な書物、歌集）とならなかったなど、多くの憂しことがありました。他の代表歌としては、「塩竈（しおがま）の　うらがなしくも　見ゆるかな　霞にすける　海人の釣舟」があります。塩竈港（写真右上）は宮城県塩釜市にある歴史の古い港で、奈良時代から開けていたようです。

塩釜港

塩釜港・著者撮影・2014年12月

歌との関連度 　　☆
人との関連度 　　☆☆
行きやすさ 　　　☆
おすすめ度 　　　☆☆☆

アクセス 　ＪＲ本塩釜駅徒歩約10分

第八十五首

夜もすがら　もの思ふころは　明けやらで
　　閨(ねや)のひまさへ　つれなかりけり

俊恵法師(しゅんえほうし)

　一晩中、恋に思い悩んでいるこの頃は、なかなか夜もあけず、寝室の隙間さえ、つれなく思えてきます。

　俊恵法師は、源俊頼の子で、東大寺（写真右上、巻頭カラー）の僧でした。この歌は、俊恵法師が女の立場になって、恋に思い悩む夜を詠ったものです。のちに京都の白河に居をさだめ、そこを歌林苑(かりんえん)と名付けて多くの歌人が集うサロンにしました。「方丈記」で知られる鴨長明(かものちょうめい)は俊恵の弟子にあたります。

東大寺

東大寺・著者撮影・2015年1月
（東大寺様から書面にて掲載許可あり・許可書番号東庶写第12303号）

歌との関連度　　　☆
人との関連度　　　☆☆☆
行きやすさ　　　　☆
おすすめ度　　　　☆☆☆
個人的思い入れ度　☆☆☆☆☆☆

アクセス　ＪＲ奈良駅、または近鉄奈良駅バス約10分、または徒歩約30分

第八十六首

なげけとて　月やはものを　思はする
　　かこち顔なる　わが涙かな

西行法師（さいぎょうほうし）

　嘆けといって、月が私にもの思いをさせるのだろうか。いや、そうではない。なのに月のせいにしてこぼれる私の涙であることよ。

　西行法師は俗名を佐藤教清（さとうのりきよ）といいます。北面の武士として鳥羽院に仕えたあと、二十三才で出家し、以後諸国を旅する漂泊の歌人となりました。高野山、吉野、熊野、伊勢などに隠棲しましたが、ときに東北地方なども巡りました。そして、「願はくは　花の下にて　春死なん　そのきさらぎの　望月のころ」という歌のとおり、旧暦二月（現在の四月初め）に桜の名所でもある河内の弘川寺（写真右上）で亡くなりました。

弘川寺

弘川寺・著者撮影・2015年1月
（弘川寺様から書面にて掲載許可あり）

歌との関連度　　　☆
人との関連度　　　☆☆☆
行きやすさ　　　　☆
おすすめ度　　　　☆☆☆
個人的思い入れ度 ☆☆☆☆☆☆

アクセス　近鉄富田林駅バス河内行終点下車徒歩約5分、またはタクシー

第八十七首

村雨の　露もまだひぬ　まきの葉に
　　霧たちのぼる　秋の夕暮れ

じゃくれんほうし
寂蓮法師

　にわか雨が通り過ぎていった後の露が、まだ乾かない槇の木の葉に、霧が立ち上がっている秋の夕暮。

　寂蓮法師は俗名藤原定長といい、醍醐寺（写真右上）の僧俊海の子で、藤原俊成の甥です。醍醐寺といえば、後の安土桃山時代に秀吉が醍醐の花見を開催したことで有名です。ところで、定長は、のちに俊成の養子となりましたが、定家の誕生を機に出家しました。御子左家の代表歌人で、定家とともに新古今和歌集の選者に指名されましたが、完成前に他界しました。

醍醐寺

醍醐寺・著者撮影・2014年12月
(醍醐寺様から口頭にて掲載許可あり)

歌との関連度　　　☆
人との関連度　　　☆☆☆
行きやすさ　　　　☆☆
おすすめ度　　　　☆☆☆

アクセス　京都地下鉄醍醐駅徒歩約15分、またはＪＲ京都駅からバス

第八十八首

難波江の　葦のかりねの　ひとよゆゑ
　　身を尽くしてや　恋ひわたるべき

皇嘉門院別当（こうかもんいんのべっとう）

　難波江の葦の刈り根の一節のような短い仮り寝の一夜のために、身を尽くして慕い続けるのでしょうか。

　皇嘉門院別当は源俊隆（としたか）の娘で、崇徳天皇の中宮聖子（せいし）（皇嘉門院）に仕えました。難波江は、伊勢や元良親王も詠った歌枕で、大阪湾の入り江です。現在その面影はありませんが、風景としては魅力があります。ユニバーサルスタジオジャパン近くのホテルからも大阪湾に注ぐ淀川の河口（写真右上）が見えます。

大阪湾入り江

大阪湾入り江・著者撮影・2014年3月

歌との関連度　　☆☆☆
人との関連度　　☆
行きやすさ　　　☆☆☆
おすすめ度　　　☆☆

アクセス　　ＪＲユニバーサルシティ駅徒歩すぐ

第八十九首

玉の緒よ　絶えねば絶えね　ながらえば
　　忍ぶことの　弱りもぞする

式子内親王（しょくしないしんのう）

　わが命よ、絶えるなら絶えてしまえ。生きながらえていると、恋を忍んで抑えている気持を抑えきれなくなってしまうかもしれない。

　式子内親王は後白河天皇の皇女で、十歳から加茂斎院をつとめました。俊成、定家親子に和歌の指導を受けた女流歌人です。当時の天皇の娘の恋愛や結婚は厳しく制限されていたようで、さらに斎院をつとめたことで、生涯にわたって自由な恋愛はできませんでした。加茂斎院とは、上賀茂神社、下賀茂神社（写真右上）に奉仕する皇族女子（原則は未婚の内親王）のことです。そのような背景を理解したうえでこの歌を鑑賞してみると、親王の心の叫びが聞こえてくるような気がします。能の演目「定家」は定家が式子内親王に対して抱いた妄執がテーマですが、定家と式子内親王が男女の仲であったという証拠はありません。

下賀茂神社

下賀茂神社・著者撮影・2014年12月
（下賀茂神社様から書面で掲載許可あり）

歌との関連度　　　☆
人との関連度　　　☆☆☆
行きやすさ　　　　☆☆
おすすめ度　　　　☆☆☆

アクセス　京阪出町柳駅徒歩約12分、またはバスで下鴨神社前（又は糺の森前）

第九十首

見せばやな　雄島の海人の　袖だにも
　　濡れにぞ濡れし　色はかはらず

殷富門院大輔（いんぷもんいんたいふ）

　あなたに見せたいものだ。あの雄島の漁師の袖さえ濡れに濡れても色が変わらないのに、私の袖は涙で濡れて、色変わりしてしまいました。

　殷富門院大輔とは藤原信成（のぶなり）の娘で、後白河天皇の皇女、殷富門院亮子内親王（りょうしないしんのう）に仕えました。俊恵法師の歌林苑で活躍した女流歌人です。松島海岸にある島の一つである雄島は渡月橋で渡ることができます。日本三景の一つ松島海岸（写真右上）は雄島からも見えます。

雄島からみる松島海岸

雄島からの松島海岸・著者撮影・2014年12月

歌との関連度　　☆☆☆
人との関連度　　☆
行きやすさ　　　☆☆
おすすめ度　　　☆☆☆

アクセス　　ＪＲ松島海岸駅徒歩約6分

第九十一首

きりぎりす　鳴くや霜夜の　さむしろに
　　衣かたしき　ひとりかも寝む

後京極摂政前太政大臣

　こおろぎが鳴いている霜の降る寒い夜に、むしろの上に衣の片袖を敷いて、一人さびしく寝るのだろうか。

　後京極摂政前太政大臣とは藤原良経のことで、妻に先立たれた男のさびしさを詠いました。この歌は、柿本人麻呂の「あしびきの　山鳥の尾の　しだり尾の　ながながし夜を　ひとりかも寝む」と、古今和歌集にある「さむしろに　衣かたしき　今宵もや　我を待つらむ　宇治の橋姫」を本歌としています。宇治にある橋姫神社（写真右上）は宇治橋の守り神とされており、源氏物語の宇治十帖にも橋姫の名がでてきます。ところで、良経自身も三十八歳の若さで亡くなりました。

橋姫神社

橋姫神社・著者撮影・2015年1月
(橋姫神社様から文書にて掲載許可あり)

歌との関連度　　☆
人との関連度　　☆☆☆
行きやすさ　　　☆☆
おすすめ度　　　☆☆☆(結婚前のカップルにはすすめません)

アクセス　ＪＲまたは京阪宇治駅徒歩約5分

第九十二首

わが袖は　潮干に見えぬ　沖の石の
　　人こそ知らね　かわくまもなし

二条院讃岐(にじょういんさぬき)

　私の袖は、潮が引いても見えない沖の底にある石のように、人は知らないでしょうが、涙で乾く間もないのです。

　二条院讃岐とは源頼政(よりまさ)の娘で、二条天皇に仕えました。天皇の崩御後は後鳥羽院の中宮宜秋門院(ぎしゅうもんいん)に出仕しました。歌に詠まれた沖の石は現在の宮城県JR多賀城駅からほど近い「末の松山」のすぐ近くの池（沖の石＝写真右上）に面影を残しています。ところで、父頼政は、後白河天皇の第三皇子である以仁王(もちひとおう)の令旨に応じて平氏打倒のために挙兵しましたが、宇治で戦死しています。

沖の石

沖の石・著者撮影・2012年6月
(多賀市担当者から掲載に問題なしと口頭で連絡あり)

歌との関連度　　　☆☆☆
人との関連度　　　☆
行きやすさ　　　　☆☆
おすすめ度　　　　☆☆☆

アクセス　ＪＲ多賀城駅徒歩約10分

第九十三首

世の中は　常にもがもな　渚こぐ
　　あまの小舟の　綱手かなしも

鎌倉右大臣

　この世の中はいつまでも変わらないでほしいものだ。渚を漕ぐ漁師の小舟が綱で引かれる光景は、心にしみわたるなあ。

　鎌倉右大臣とは鎌倉幕府第三代将軍源実朝(さねとも)のことです。十二歳で将軍になりましたが、将軍とは名ばかりで、実権は北条家が握っていました。当時は幕府の北条家を中心とする御家人の勢力争いが続き、自身も鶴岡八幡宮への参詣中に甥の公暁(くぎょう)に暗殺されました。二十七歳でした。この歌は実朝が二十二歳の時の歌で、由比ヶ浜海岸（写真右上）辺りを見て詠ったのでしょうか。その後の実朝の生涯を知れば、この歌の切なさをなおいっそう感じられます。定家とは文のやり取りで交流があり、「新古今和歌集」を送られたり、自作の和歌の添削を依頼したりしました。のちに、定家は「新勅撰和歌集」に実朝の歌を二十五首選びました。

由比ヶ浜海岸

由比ヶ浜・著者撮影・2014年12月

歌との関連度　　☆☆☆
人との関連度　　☆
行きやすさ　　　☆☆
おすすめ度　　　☆☆☆

アクセス　江ノ電長谷駅または由比ヶ浜駅徒歩約10分

第九十四首

み吉野の　山の秋風　さ夜ふけて
　　ふるさと寒く　衣うつなり

さんぎまさつね
参議雅経

　吉野の山の秋風が吹きおろし、夜も明けてきた。古い都のあったこの里に、衣を打つ音が寒々と聞こえてくることだ。

　参議雅経とは藤原雅経のことで、公家でありながら鎌倉幕府ともつながりが深かったようです。「新古今和歌集」の選者の一人であり、また蹴鞠の名手としても知られています。吉野山（写真右上）はかつて天皇の離宮が置かれていたので、ふるさと（古都の意）と言われていました。

吉野山

吉野山(近鉄吉野口駅前)・著者撮影・2012年8月

歌との関連度　　☆☆☆
人との関連度　　☆
行きやすさ　　　☆☆
おすすめ度　　　☆☆☆

アクセス　近鉄吉野駅下車

第九十五首

おほけなく　憂き世の民に　おほふかな
　　わが立つ杣に　墨染めの袖

さきのだいそうじょうじえん
前大僧正慈円

　恐れ多いことだが、つらい現世を生きる人のために覆いかけましょう。比叡山に住み始めた私の墨染めのそでを。

　前大僧正慈円とは藤原忠通の子で、十三歳で出家し、四度にわたって延暦寺の天台座主（貫主）となりました。比叡山延暦寺から見える風景（写真右上）を眺めて詠ったのでしょうか。

比叡山からの風景

比叡山から見る湖西・著者撮影・2015年1月

歌との関連度　　☆☆☆
人との関連度　　☆☆☆
行きやすさ　　　☆☆
おすすめ度　　　☆☆☆

アクセス　京阪坂本駅、またはJR比叡坂本駅からバスでケーブル坂本駅、ケーブルカーでケーブル延暦寺駅徒歩

第九十六首

はなさそふ　嵐の庭の　雪ならで
　　ふりゆくものは　わが身なりけり

にゅうどうさきのだじょうだいじん
入道前太政大臣

　花を誘って散らす山風の吹く庭の、雪のような花びらが舞っているが、本当はわが身が降って（散って）いくのだろうなあ。

　入道前太政大臣は藤原公経（ふじわらのきんつね）のことで、源頼朝の姪を自身の妻にし、娘は関白道家に嫁がせ、孫娘は後堀河天皇の中宮にするといった婚姻政策で、権勢をふるいました。そんな公経でしたが、この歌に自身の老いに対しての物悲しい気持ちを込めています。また公経は京都北山に豪華な西園寺をたてたことから、代々西園寺家と呼ばれるようになりました。西園寺の敷地は、のちに足利義満に譲られ、金閣寺が建てられた場所（写真右上）です。

西園寺跡(現在の金閣寺)

西園寺跡・著者撮影・2015年1月
(金閣寺様から口頭にて敷地外であり、許諾不要と連絡あり)

歌との関連度 　　☆
人との関連度 　　☆☆☆
行きやすさ 　　　☆☆
おすすめ度 　　　☆☆☆

アクセス　京都市バス金閣寺下車すぐ

第九十七首

来ぬ人を　まつほの浦の　夕なぎに
　　焼くや藻塩の　身もこがれつつ

権中納言定家（ごんちゅうなごんさだいえ）

　待っても来ない人を待つわが身は、松帆の浦の夕なぎに焼く藻塩のように、身を焦がしているのですよ。

　百人一首を選んだとされる藤原定家本人の歌です。和歌の家柄、御子左家を継承し、「新古今和歌集」の選者の一人で、「新勅撰和歌集」の単独選者です。一説には、自身が選者とはいえ、充分に自分の思い通りに編集できなかった和歌集に対して、百人一首はあくまで私的なものであり、自分の思いを投影させることができたともいわれています。歌の中に出てくる松帆の浦とは、淡路島の松帆崎といわれています。また、百人一首ゆかりの常寂光寺（写真右上）は京都市右京区嵐山にあり、今も京都の街並みを一望できます。また、近くのJR嵯峨嵐山駅には観光用トロッコ電車が走っています。なぜか群馬県高崎市に定家を祀った定家神社と次の九十八首の作者・藤原家隆を祀った家隆神社があります。

常寂光寺

常寂光寺・著者撮影・2012年3月
（常寂光寺様から文書にて掲載許可あり）

歌との関連度　　☆
人との関連度　　☆☆☆
行きやすさ　　　☆☆
おすすめ度　　　☆☆☆

アクセス　京福電鉄嵐山駅、ＪＲ嵯峨嵐山駅徒歩約10分

他に
定家神社
アクセス　ＪＲ高崎駅からタクシー

松帆崎
アクセス　ＪＲ舞子駅からバス

第九十八首

風そよぐ　ならの小川の　夕暮は
　　みそぎぞ夏の　しるしなりける

従二位家隆（じゅにいいえたか）

　風が楢の葉にそよぎ、ならの小川は秋の夕暮だが、旧暦六月（みなつき）祓（ばらえ）の行事だけが、まだ夏であることのしるしなのだなあ。

　従二位家隆は藤原家隆のことで、藤原光隆の子で、俊成に和歌を習い、御子左家の有力な歌人となりました。生活は温厚で、後鳥羽上皇が承久の乱で隠岐の島に流された後も、交流を続けました。この歌は、上賀茂神社の御手洗川（みたらしがわ・別名ならの小川）で旧暦六月三十日に行われる六月祓を見て、季節の移り変わりに感慨を覚えて詠んだものと思われます。写真右上は上賀茂神社から流れ出た御手洗川（明神川）です。

上賀茂神社外の明神川

明神川・著者撮影・2015年10月

歌との関連度 　　☆☆☆
人との関連度 　　☆
行きやすさ 　　　☆☆
おすすめ度 　　　☆☆☆

アクセス　京都市バス上賀茂神社前すぐ

第九十九首

人もをし　人も恨めし　あぢきなく
　　世を思ふゆゑに　もの思ふ身は

後鳥羽院（ごとばいん）

　人を愛おしくも、恨めしくも思う。味気ない世の中を思うがゆえに、悩んでいる私にとっては。

　後鳥羽院は第八十二代天皇で、五歳で即位し、十九歳で譲位し上皇となりました。のちに、鎌倉幕府打倒を目指して「承久の乱」を起こしましたが、敗北し、隠岐の島（巻頭カラー）に流され、島内の行在所で過ごされました。隠岐といえばかつて、小野篁が流されており、のちに後醍醐天皇も配流されました。ところで、後鳥羽院は歌人としても有名で、定家らに「新古今和歌集」の編纂を命じました。当初、定家とは互いに理解しあえる仲だったようですが、のちに疎遠になったといわれています。それゆえ、流罪になったあとの交流もありませんでした。昭和になって行在所や廟の近くに隠岐神社（写真右上）が建てられました。

隠岐神社

隠岐神社・著者撮影・2014年11月
(隠岐神社様から文書にて掲載許可あり)

歌との関連度　　　☆
人との関連度　　　☆☆☆
行きやすさ　　　　☆
おすすめ度　　　　☆☆☆

アクセス　島根県七類港または鳥取県境港より隠岐汽船で菱浦港で下船、バス約15分またはタクシー約8分

第百首

ももしきや　古き軒端の　しのぶにも
　　なほあまりある　昔なりけり

順徳院

　御所の古びた軒端に生えるしのぶ草を見るにつけ、いくらしのんでもしのびきれない、昔の良き時代であるよ。

　順徳院は第八十四代天皇で、後鳥羽院の子です。朝廷政治の権威が失われ、武家政治に移りゆくさまを憂いの気持ちで眺めていました。のちに父、後鳥羽院とともに鎌倉幕府打倒に立ち上がりますが、敗北し、佐渡島（写真右上）に配流され、島内の真野宮で過ごされ、二十二年後に亡くなりました。

佐渡島

佐渡島・著者撮影・2014年12月

歌との関連度　　☆
人との関連度　　☆☆☆
行きやすさ　　　☆
おすすめ度　　　☆☆☆

アクセス　JR新潟駅から新潟港、フェリーで佐渡島両津港、真野宮へはさらにバス、またはタクシー

おわりに

　あらためて自分の紀行内容を読み直してみると、百人一首や歌人に関連する土地とはいえ、かなり自分の好みで旧蹟・観光地を選んだことが分かります。それゆえにかつて、百人一首を旅した人がいるにせよ、またこれから先、百人一首に興味を持って各地を訪れる人が現れても、この紀行文はオリジナルだと思います。それでも、これから、百人一首に興味を持って旅支度をする人たちがいるならば、多少なりとも参考にしていただけるのではないでしょうか。

＊この本に書いた寺社、旧跡などへのアクセスについては、交通事情の変化や季節的要因によって左右される恐れがあります。また、充分確認したつもりですが、書洩らしや書き間違いが100％無いとは言い切れないので、参考にされる場合は、念のため最新の資料で再確認してください。

[参考文献]（順不同）
鈴木一雄・外山映次・伊藤博・小池清治編集「全訳読解古語辞典」三省堂
白洲正子「私の百人一首」新潮社
吉海直人「百人一首で読み解く平安時代」角川学芸出版
吉海直人監修「こんなに面白かった百人一首」PHP研究所
吉海直人監修「地図と由来でよくわかる！百人一首」青春出版社
吉海直人監修「一冊でわかる百人一首」成美堂出版
鈴木日出男「百人一首」筑摩書房
田辺聖子「田辺聖子の小倉百人一首」角川書店
堀江宏樹「ドラマティック百人一首」大和書房
保坂弘司「大鏡　全現代語訳」講談社
土屋俊介編集「カラー図説　百人一首を知りたい」学研パブリッシング
吉田裕子監修「百人一首を知りたい」枻（えい）出版社
四宮正貴・波江裕史「初心者にもわかる　百人一首」メディアックス
田邑二枝「隠岐の後鳥羽院」後鳥羽院顕彰事業実行委員会
田邑二枝「隠岐の後鳥羽院抄」島根県隠岐郡海士町・海士町役場
神作光一監修「百人一首の世界」洋泉社
京都女子大短期大学部、国語・国文専攻研究室編「住吉社と文学」和泉書院
丸尾芳男「文法全解　土佐日記」旺文社
尾崎左永子「大和物語の世界」書肆フローラ

竹西寛子「「百人一首」を旅しよう」講談社
石丸昌子「面影びとは法然　式子内親王伝」朝日新聞社
赤塚不二夫「まんが古典入門　万葉集」学研
嶋岡晨「百人一首を歩く」光風社
黒板伸夫「藤原行成」吉川弘文館
望月光「百人一首が面白いほどわかる本」中経出版
三枝和子「小説小野小町「吉子の恋」」読売新聞社
桑原博史監修「新明解古典シリーズ　万葉集・古今集・新古今集」三省堂
柳田忠則編「校注　大和物語」新典社
有吉保「百人一首　全訳注」講談社
佐藤謙三校注「大鏡」角川書店
坂口由美子編「伊勢物語」角川書店
日本博識研究所「本当は怖い百人一首」宝島社
板野博行「眠れないほどおもしろい百人一首」三笠書房

写真はすべて著者撮影、ただしこの自費出版本への掲載に限って承諾を得た写真も多いので、転載は一切不可です。

著者略歴

大倉俊雄

1966 年生まれ

奈良県出身

天理高校卒

長野県信州大学卒

長野県在住

toshio-okura@mbm.nifty.com

私の百人一首紀行

2016 年 2 月 20 日　初版第 1 刷発行

著　者　　大倉俊雄

発行者　　谷村勇輔

発行所　　ブイツーソリューション

　　　　　〒 466 - 0848
　　　　　名古屋市昭和区長戸町 4 - 40
　　　　　TEL：052 - 799 - 7391
　　　　　FAX：052 - 799 - 7984

発売元　　星雲社

　　　　　〒 112 - 0012
　　　　　東京都文京区大塚 3 - 21 - 10
　　　　　TEL：03 - 3947 - 1021
　　　　　FAX：03 - 3947 - 1617

印刷所　　藤原印刷

万一、落丁乱丁のある場合は送料当社負担でお取替えいたします。
ブイツーソリューション宛にお送りください。
©Toshio Okura 2016 Printed in Japan ISBN 978-4-434-21421-9